Pour Olga!

Toi et n…
Souvent …
les Questions …
Pour que tu supportes …
froid d'ici et que tu Continues
à aimer le Québec, Voici
un Livre pour toi :
écrit par un immigrant
offert par une immigrante
à une immigrante !
Merci pour ta présence
en classe

Farida

La Commission Boucar pour un raccommodement raisonnable

Du même auteur

Sous l'arbre à palabres, mon grand-père disait…, Montréal, Les Intouchables, 2007.

BOUCAR DIOUF

La Commission Boucar pour un raccommodement raisonnable

LES INTOUCHABLES

Les Éditions des Intouchables bénéficient du soutien financier de la SODEC et du Programme de crédits d'impôt du gouvernement du Québec.

Nous remercions le Conseil des Arts du Canada de l'aide accordée à notre programme de publication.

Nous reconnaissons l'aide financière du gouvernement du Canada par l'entremise du Programme d'aide au développement de l'industrie de l'édition (PADIÉ) pour nos activités d'édition.

LES ÉDITIONS DES INTOUCHABLES
4701, rue Saint-Denis
Montréal, Québec
H2J 2L5
Téléphone : 514-526-0770
Télécopieur : 514-529-7780
www.lesintouchables.com

DISTRIBUTION : PROLOGUE
1650, boulevard Lionel-Bertrand
Boisbriand, Québec
J7H 1N7
Téléphone : 450-434-0306
Télécopieur : 450-434-2627

Impression : Marquis imprimeur inc.
Illustration de la couverture : Olivier Beauchamp
Infographie : Marie-Lou Caron, Geneviève Nadeau
Révision, correction : Élyse-Andrée Héroux, Corinne Danheux

Dépôt légal : 2008
Bibliothèque et Archives nationales du Québec
Bibliothèque nationale du Canada

ISBN : 978-2-89549-320-4

REMERCIEMENTS

Mes plus sincères remerciements vont à tous ceux et celles qui m'ont soutenu dans la réalisation de ce projet d'écriture.

Je tiens d'abord à remercier Yves Lapointe, dont la contribution a donné une grande plus-value à mes textes.

Je remercie aussi mon gérant, Percy Savard, qui travaille avec moi depuis le début.

Merci à mes deux amours: ma compagne Caroline Roy et notre fils Anthony Diouf.

Merci aussi à mon copain Mathieu Fournier pour ses commentaires.

Enfin, merci aux amis des quatre coins de la province qui m'ont ouvert les portes de la culture québécoise.

Accommodement

Quand les Blancs sont arrivés dans mon pays,
nous avions les terres et ils avaient la Bible.
Puis ils nous ont demandé de prier les yeux
fermés. Quand nous les avons rouverts,
ils avaient les terres et nous, la Bible.

Accommodement religieux

Tu perds un clou et tu perds un fer.
Tu perds un fer et tu perds un cheval.
Tu perds un cheval et tu perds la course.

Intégration

S'intégrer à une autre culture :
assimiler sans être assimilé.

INTRODUCTION

Depuis quelque temps, les caprices de certaines minorités religieuses issues de l'immigration ont engendré une poussée générale d'urticaire chez les Québécois de souche. « Petite puanteur sans conséquence pour le multiculturalisme affiché de la Belle Province », diront certains. Mais la sagesse africaine enseigne qu'un pet qui se prolonge peut se conclure par une véritable chiasse. Aussi, pour injecter du « sent-bon » au sein des relations entre les « pure et dure laine » et ceux à la toison transgénique, le gouvernement Charest a mis à contribution deux sages, Gérard Bouchard et Charles Taylor, chargés de tracer des voies de réconciliation. Ainsi naquit la Commission Bouchard-Taylor sur les accommodements raisonnables, qui a sillonné le Québec à l'automne 2007 et permis à des citoyens de toutes provenances d'exprimer, dans le cadre d'une série de séances publiques, leur malaise et leurs frustrations.

Fait étonnant, même si les couteaux ont parfois volé au ras du sol au cours de ces palabres, la parole qui rassemble a largement pris le pas sur celle qui divise. Mais, puisqu'on entend mieux un arbre qui tombe qu'une forêt qui pousse, sauf exception, les médias n'ont présenté à la population que les propos excessifs de certains participants qui vivaient là leurs deux minutes de gloire. Adeptes de la discrimination entre « nous » et « les autres », ceux-ci tendaient à scruter les travers d'autrui, qui du nouveau venu, qui de l'indigène, mais sans jamais se regarder dans un miroir. Comme nous le savons, une épine mal fichée se retire plus aisément de la chair d'autrui que de la nôtre…

Par ailleurs, ces rencontres ont donné lieu à une recommandation qui a fait l'unanimité de l'Abitibi à la Gaspésie : les nouveaux arrivants ont l'obligation de s'adapter aux us et coutumes de la population qui les accueille, de s'intégrer à celle-ci. Or, les notions d'intégration et d'adaptation sont d'autant plus galvaudées qu'elles se laissent difficilement cerner.

À cette fin, j'ai convoqué de mon propre chef une « Commission Boucar pour un raccommodement raisonnable », qui a accouché du document que voici. Dans ce plaidoyer contre le repli identitaire, la Commission Boucar fait le pari que toute forme viable et féconde de cœxistence passe nécessairement par l'ouverture à l'Autre. Cousue main, ma « courtepointe », comme je l'appelle, combine pêle-mêle histoires inventées, données scientifiques, réflexions humoristiques et anecdotes du quotidien. Classez-moi ce texte non censuré dans un quelconque genre littéraire et je vous décerne une médaille au mérite : croix d'argent pour les cathos et croissant d'or pour les musulmans.

BOUCAR DIOUF
Montréal, février 2007

HISTOIRE

Un jour, j'ai ramassé une lampe des mille et une nuits sur un trottoir, rue Sainte-Catherine, à Montréal. Après l'avoir frottée de la main, le génie de la lampe est apparu. J'ai vite formulé un vœu, mais il m'a lancé: «*Sorry, man, I don't speak French!*» et a filé à l'anglaise. Je me suis alors demandé si l'avenir de la langue française en Amérique du Nord n'existait qu'au passé. D'ailleurs, à y regarder de près, on ne dénombre sur la planète qu'un seul quartier québécois: en Floride. Mais si l'on ne fait pas attention, il risque d'y en avoir un deuxième, cette fois à Montréal.

J'ai posé mon pied noir sur le territoire québécois en 1991, à une époque où la langue française semblait vivre ses plus belles heures. Je m'inclus dans le «nous» d'ici parce qu'à mon sens, pour en être, il suffit d'aimer ce pays et d'y vivre. De toute façon, si les immigrants d'hier sont devenus les citoyens québécois d'aujourd'hui, les nouveaux arrivants d'aujourd'hui seront les Québécois de demain. Après 16 années passées dans la région du Bas-Saint-Laurent, d'immigrant d'hier, je suis forcément devenu un Québécois pure laine de mouton noir d'aujourd'hui. En lisant ces pages, ne vous surprenez donc pas de constater que je me définis, en alternance, en tant que Québécois et en tant qu'Africain. À ce titre, je me sens autorisé à taper à la fois sur les « pure laine » et sur ceux dont la laine est moins pure, afin de calmer le troupeau multiethnique. Mes antécédents de berger sénégalais m'ont appris qu'on ne gagne rien à frapper que sur les moutons qui traînent derrière. S'ils ralentissent, c'est que, parfois, ceux d'en avant ne progressent pas à un rythme suffisamment soutenu pour leur donner une chance. Un bon pasteur doit savoir repérer les bêtes qui perturbent l'équilibre de son troupeau et leur servir une correction à la mesure de leur faute.

Avant de raconter comment j'ai été mêlé à cette chicane entre pure laine et laine importée comme moi – ou transgénique, comme celle dont sont tricotés ces Mamadou Tremblay et Mohamed Gagnon –, je tenterai de montrer à quel tournant le diable du multiculturalisme est entré dans la cabane à sucre pour foutre le bordel dans toute l'érablière. Un exercice qui me semble doublement nécessaire. D'une part, parce que des immigrants me liront sûrement – je pense à certains fanatiques du Canada ignorant tout de leur terre d'accueil, des gens qui confondent Chicoutimi et Rimouski ou croient qu'il leur faut un visa pour aller à Alma. D'autre part, parce que j'y explique comment les termes « accommodement », « intégration » et « adaptation » ont, du jour au lendemain, contaminé notre belle parlure québécoise. À ces ignares, volontaires ou non, je dédie ma toute petite histoire des multiculturalismes canadien et québécois.

Par commodité, je situe le début de cette histoire au lendemain de la Seconde Guerre mondiale, alors que des populations entières ont fui la Vieille Europe à la recherche de lieux plus sereins. Comme le prétendait un de mes profs de biologie, une espèce animale qui a frôlé l'extinction manifeste souvent un désir irrépressible de vivre, de bouger et de se reproduire. C'est d'ailleurs ce qui explique que lorsqu'on décongèle un morceau de viande dans lequel les bactéries ont combattu pendant des mois les méchants cristaux de glace, il ne faut pas le laisser traîner sur le comptoir avant de le manger. Maintenus entre la vie et la mort pendant l'entreposage à l'état congelé, les microbes passent leur séjour dans la chambre froide à implorer le retour de la chaleur. C'est un peu comme le long hiver québécois qui nous pousse à aller jusqu'à tripoter d'innocentes marmottes pour leur soutirer des informations privilégiées sur le printemps. Lorsque, enfin, ces micro-organismes sortent de cette torpeur – qui, dans certains cas, a décimé 80 % de leurs congénères –, ils ont tendance à se multiplier rapidement dans une sorte de « bébitte-boom », à la manière des Occidentaux après la guerre. Et si, par malchance, on a affaire à des espèces qui produisent des toxines nuisibles, on peut avoir des problèmes en ingurgitant le steak, certaines de ces molécules indésirables n'étant pas détruites par la cuisson.

De façon similaire, pour prendre leur revanche sur la mort, les survivants de la deuxième Grande Guerre ont fait plein d'enfants et, pour les élever, ont cherché des territoires plus sûrs, dont le Canada. Parmi ces nouveaux arrivants, on retrouvait des Européens, mais aussi des communautés dont les pratiques s'avéraient contraires aux valeurs libérales de leur société d'accueil. Mais la gestion de cette diversité culturelle ne s'est pas faite sans heurts et, bientôt, il a fallu trouver des balises pour faciliter la cœxistence entre les populations migrantes et les peuples fondateurs. S'est ainsi amorcé un long débat autour de l'identité canadienne.

En 1969, les autorités canadiennes ont signifié à ces immigrants qu'il n'y avait au Canada que deux langues officielles : le français et l'anglais. Cette fameuse Loi sur les langues officielles stipulait *grosso modo* que ces deux parlers jouissaient d'un statut, de droits et de privilèges comparables dans les institutions du Parlement et du gouvernement du Canada. Nous voilà dans un pays officiellement bilingue qui, parce qu'on ne veut pas faire tout un plat du biculturalisme, opte résolument pour la poutine multiculturelle. Au sein de communautés originaires de la Vieille Europe et dont les langues maternelles n'étaient pas officielles, l'existence de cette loi a suscité une grogne qu'il a bien fallu apaiser. Pour leur faire avaler cette pilule amère, Pierre Elliott Trudeau a mis en œuvre une politique audacieuse, sans précédent en Occident. En 1971, il a entrepris de faire du Canada le premier pays composite en instaurant sa politique du multiculturalisme, qui sera enchâssée dans la Charte des droits et liberté de 1982. Ce faisant, il a permis aux chialeurs venus d'ailleurs de se concocter, dans leur pays d'accueil, une petite contrée à l'image de celle qu'ils avaient quittée.

Nous voici maintenant dans un Canada bilingue et multiculturel où les Québécois sont considérés comme appartenant à cette grosse communauté, où un trente sous vaut 25 cents, où il n'y a pas de baignoire dans les salles de bain et où on célèbre une fête nationale sans être un pays. Évidemment, leur soif de liberté se faisant de plus en plus criante, les Québécois ont alors fabriqué des poupées à l'effigie de Trudeau et y ont fiché plein d'aiguilles pour exorciser le démon du multiculturalisme. Ils sont aussi descendus dans la rue et ont marché pour dénoncer ce qui, à leurs yeux, ne marchait pas. Curieuse habitude.

En réfléchissant à cette question, je me suis rappelé la tirade de mon grand-père: «Quand on met ses culottes, il faut marcher. En avançant, on augmente la durée de vie du pantalon, tandis qu'en restant assis, on l'use davantage. Pour faire bouger les choses, il est donc préférable de soulever la poussière sous ses pas que de la laisser se fixer à son derrière.» Ce qui explique pourquoi, au Québec, quand quelque chose ne marche pas à notre goût, on organise une marche en espérant que des changements surviennent à grands pas.

Il faut se rappeler que la Révolution tranquille, qui s'est déroulée en sol québécois dans les années 1960, a été une période marquée par la montée du nationalisme, la libéralisation des mœurs, la chute vertigineuse de la natalité et la quasi-désertion des églises. Disons que si l'on qualifie une telle mutation de «tranquille», je prie pour ne pas en être quand en éclatera une moins paisible. Le Québec a donc fini par ressentir, entre autres, la nécessité de recourir à l'immigration pour maintenir sa démographie à un niveau décent. Mais l'arrivée massive d'étrangers entraîne forcément une modification de la structure identitaire des premiers occupants. Il a fallu trouver un *modus operandi* pour que ces nouveaux arrivants deviennent des francophones qui, si besoin est, sauraient à leur tour sacrer et ingurgiter plein de bière, car il ne faut pas oublier que le «il est des nôtres...» s'applique en exclusivité à ceux qui savent vraiment *caller* et *caler* leur bière. Sauf qu'il n'a pas toujours été de tout repos d'amener les nouveaux arrivants à embrasser la langue de Molière. En effet, la Belle Province s'insère au sein d'une confédération qui accorde à l'immigré le privilège de vivre dans sa culture originelle et de faire éduquer ses enfants à l'école de son choix, française ou anglaise. Entre 1960 et 1970, Montréal avait donc beau se débattre comme un diabétique dans le sirop d'érable, les immigrants préféraient, de loin, apprendre l'anglais.

À cette époque, la majorité des néo-Québécois et autres « importés », « voleurs de job » ou « séducteurs de femmes d'autrui » s'établissant dans la métropole, ils optaient donc pour l'anglais comme langue de communication et d'éducation. Peut-on leur en vouloir ? Je pense que non. Un père de famille originaire du Maroc ou de la Colombie, par exemple, préférera logiquement que ses rejetons s'expriment dans une langue parlée par 300 millions de Nord-Américains – et qui, de plus, est celle de la civilisation dominante à l'échelle planétaire – plutôt qu'en français, qui est le fait d'à peine sept millions d'âmes éparpillées entre la Gaspésie et l'Abitibi. Comme dit ma blonde, demander à un nouvel arrivant en Amérique du Nord de « choisir librement » d'apprendre le français équivaut à inviter un boulimique à un buffet ouvert en espérant qu'il se contente de crudités.

Devant l'anglicisation progressive de Montréal, on a sévi contre le méchant Canada pour freiner l'hémorragie. Sur ce point précis, mon grand-père dirait qu'il faut éviter de se faire lécher par une bête susceptible de nous avaler. Surtout si elle a la tête carrée, habite sur le flanc sud-ouest de notre terre natale et a la fâcheuse habitude de regarder de haut le Bas-Canada manger ses bas.

La contre-attaque du Québec a commencé par la mise sur pied, en 1968, d'un ministère de l'Immigration, une façon pour les autorités provinciales d'avoir leur mot à dire sur le type d'immigrants qu'elles souhaitaient voir s'installer dans leur métropole. Le recrutement à l'étranger d'individus ayant une connaissance du français ou désireux de l'apprendre sera la priorité de ce nouveau ministère. Haussant d'un cran la lutte pour la sauvegarde de la langue française, le gouvernement Bourassa, en 1974, a créé une loi provinciale consacrant le français comme la langue du travail et de la fonction publique. Mais cette Loi 22 ayant de nombreuses failles, la communauté anglophone a continué sa conquête du côté est du boulevard Saint-Laurent.

Succédant à celui de Robert Bourassa, le gouvernement souverainiste de René Lévesque a pour sa part instauré un dispositif plus étanche permettant au fait français de regagner le terrain perdu : la Loi 101, dont le docteur Camille Laurin était l'instigateur. Ce qui prouve que lorsqu'une société souffre d'une hémorragie linguistique, il n'y a rien de mieux qu'un médecin pour arrêter les saignements...

Adoptée le 26 août 1977, la Charte de la langue française constitue à la fois une arme de protection massive et un formidable instrument d'intégration culturelle. En 1972, seulement 10 % des allophones fréquentaient les écoles françaises sur l'île de Montréal. Dix ans plus tard, ce taux avait atteint 40 %, et a même frôlé les 80 % au milieu des années 1990. Avec la Loi 101, le Québec jetait les bases d'un modèle d'intégration moins contraignant, drastique et assimilateur que le modèle républicain de la France et plus unificateur que celui du Canada, qui favorise la formation d'îlots communautaires. Le problème est que, hormis le fait linguistique, le modèle québécois n'a pas établi de véritables balises facilitant la cohabitation entre les diverses communautés culturelles. Ce vice de forme a engendré plusieurs malentendus dont les premiers échos sont venus de la municipalité d'Hérouxville.

À défaut d'avoir participé à l'une ou l'autre des séances publiques de la commission Bouchard-Taylor sur les accommodements raisonnables, j'ai entrepris de détailler dans ces pages ma propre interprétation de l'intégration à partir de mon expérience personnelle et des données de la biologie.

J'ai vu le jour et grandi au Sénégal. À l'âge de 25 ans, j'ai foulé, pour la première fois, le sol québécois. Seize ans plus tard, j'y suis encore parce que ce pays m'a conquis. Oui, j'éprouve un attachement réel pour le Québec. Et oui, je me sens privilégié d'y vivre en toute liberté et d'y réaliser mes rêves de jeunesse.

« Chaque oiseau doit chanter les louanges des pays où il a passé la saison chaude », disait mon grand-père. Alors, tel un rossignol heureux dans son nouveau nid, je tiens à remercier le pays du Québec, à titre personnel et au nom des minorités qui partagent ses valeurs. Deux raisons, entre autres, m'incitent à le faire.

D'une part, je bénéficie ici d'installations et d'aménagements appréciables, même si j'ignore le nom de ceux à qui je les dois. Lorsque je reçois des soins gratuits à l'hôpital, que je roule en toute sécurité sur l'autoroute 20 entre Rimouski et Québec ou que je bois de l'eau de qualité – autant de biens et services peu accessibles en Afrique –, je me sens privilégié. Et cela, sachant que ce sont les ancêtres de mes nouveaux concitoyens, et non les miens, qui se sont échinés pour mettre à ma disposition ces commodités.

D'autre part, les citoyens du Bas-Saint-Laurent et de la Gaspésie m'ont reçu à bras ouverts lorsque, depuis ma lointaine savane, j'ai fait le saut jusqu'ici. Comme le dit un proverbe sénégalais : « Si tu tiens à remercier quelqu'un du fond du cœur, fais-le de son vivant.» Plutôt que de me taire, comme 99 % des néo-Québécois vivant en harmonie avec leurs compatriotes de souche, ou encore de beugler, comme le 1 % de provocateurs qui tentent d'imposer leurs valeurs, je préfère écrire ce que je pense.

Pour mieux décrire le comportement des immigrants, je compare souvent mon pays d'adoption au barrage d'un castor.

Ce rongeur met du temps à aménager son habitat. Il coupe d'abord du bois pour fabriquer une digue, inonder un territoire et créer un étang assez profond pour empêcher la congélation complète de l'eau pendant la saison froide. Au fond de son réservoir, il entrepose des réserves de nourriture qu'il ira chercher, au besoin, en empruntant une voie subaquatique. Au printemps, le castor se remet au boulot pour réparer les dommages causés par la crue des rivières, à la façon de ces ouvriers qui s'acharnent à combler les nids-de-poule creusés par le dégel. C'est dans cette hutte rénovée qu'il donne naissance à ses petits, entre les mois de mai et de juin. Lorsque l'été bat son plein, il profite de l'abondance de nourriture pour élever sa progéniture en toute quiétude. Il s'active également pour augmenter les dimensions de son étang afin d'accéder plus aisément aux sources ligneuses plus éloignées. Les premiers jours de l'automne, le castor se dépêche de couper des arbustes et des branches qu'il entrepose soigneusement au fond de l'étang et qui lui serviront de réserve pour l'hiver qui s'annonce. Il consolide ensuite sa hutte, la recouvre de branchages et la cimente de boue fraîche pour se protéger du froid. Finalement, il réduit le métabolisme de son corps ainsi que sa consommation de nourriture, avant d'entrer dans sa hutte, qu'il ne quittera qu'au printemps.

D'autres espèces animales profitent des aménagements paysagers effectués par le castor et qui permettent un développement extraordinaire de la biodiversité. Plus creux, l'étang accueille certaines espèces de poissons recherchant les eaux froides. Les cervidés s'y abreuvent et se régalent de jeunes pousses apparaissant après le passage du rongeur-bûcheron. L'ours s'y pointe régulièrement pour glaner des baies sauvages dans la clairière. Sans oublier les hérons nichant à proximité qui viennent y chasser batraciens, poissons et invertébrés.

Tous profitent donc de l'ingéniosité et du travail acharné du castor. De la même façon, plusieurs catégories d'immigrants ont accès, dès leur arrivée au Québec, à certains services tels l'eau courante, un réseau d'énergie hydroélectrique ou un filet de protection sociale dont ils étaient privés dans leur pays d'origine.

Or, à mon sens, la lutte permanente que les francophones d'ici mènent contre l'assimilation anglophone se compare aux efforts consentis par le castor – très vulnérable hors de l'eau – pour échapper à ses prédateurs naturels. Le salut de l'un et de l'autre ne sera assuré que par l'existence d'un système de protection approprié. Pour le castor, ce sont la hutte et l'eau profonde qui servent de rempart contre les malintentionnés. Très sécuritaire, cette forme de protection lui permet d'élever ses petits et de leur transmettre ce qu'il a hérité des générations précédentes. Pour les Québécois de souche, la Loi 101 reste le bouclier le plus efficace pour contrer l'assimilation.

Dans cette optique, à tous les nouveaux arrivants qui tiennent à instruire leurs enfants uniquement en anglais, quitte à contourner cette loi, je dis ceci : Rappelez-vous que votre passeport canadien vous autorise à vous établir dans la province anglophone de votre choix. Par conséquent, cessez de brandir la Charte canadienne des droits et libertés pour satisfaire vos caprices.

J'entends déjà certaines âmes sensibles, adeptes de la tolérance à tout prix ou défenseurs des minorités vulnérables, s'exclamer : « Voilà des choses qu'on ne devrait pas dire ! » À l'intention des intégristes soucieux de la protection de minorités qui briment régulièrement les droits de la majorité, j'ajouterai même ceci : « À force d'être aimables et de dire à vos enfants de toujours rester polis à l'égard des étrangers, ceux-ci interpréteront parfois cette affabilité comme une faiblesse de caractère. Pour cette raison, je préconise la méthode arabe :

d'abord, on s'engueule, après, on s'embrasse. Si vous jugez que les pratiques culturelles de certains ne sont "pas catholiques *pantoute*", n'enfoncez pas le couvercle sur la marmite en attendant qu'elle explose. » Vu que celui qui a la diarrhée ne devrait plus craindre l'obscurité, dites-leur, au besoin, qu'ils vous font royalement chier. Mon grand-père disait que lorsqu'un homme te donne en cachette un coup de pied, il faut parfois lui en donner dix publiquement, sinon le salaud ira dire partout que la nature t'a privé de membres pour répondre. Rien de tel qu'une bonne dispute pour clarifier les choses. Il est vrai que, sous le coup de l'émotion, les esprits s'échauffent et les mots sortent parfois de travers. Mais lorsque la poussière retombe, on trouve le plus souvent un terrain d'entente. Il en va de même avec les chicanes de ménage, ainsi que pour les séances de la Commission Bouchard-Taylor…

QUAND LE ROTSAC S'AVENTURE DANS L'HABITAT NATUREL DU CASTOR, ÇA PASSE OU ÇA CASSE

Imaginons qu'un jour le castor voit débarquer chez lui un concurrent étranger, le « rotsac », lui aussi constructeur émérite de barrages. Normalement, ce rongeur d'eau douce folâtrerait dans les bayous du Sud, boufferait racines et écorces et érigerait de petites digues. Contrairement à son vis-à-vis nordique, toutefois, il serait plus à l'aise sur terre que dans l'eau. Bref, un animal morphologiquement semblable à l'emblème du Canada, mais qui, par son mode de vie, s'en démarquerait sensiblement. Un cousin lointain que l'insécurité, le manque de ressources ou la dégradation de son milieu de vie auraient contraint à l'émigration.

J'ai à peine amorcé ma fable que j'entends déjà un tollé de protestations : « Ho, mec ! Nous ne sommes pas tous des réfugiés de la misère, quand même! Plusieurs d'entre nous arrivent les poches pleines de pognon qu'ils investissent ici même.» En un sens, c'est vrai. Les statistiques du ministère de l'Immigration et des Communautés culturelles démontrent qu'entre 2001 et 2006 pas moins de 7 000 nouveaux venus ont injecté 2,8 milliards de dollars dans l'économie provinciale, par le biais de centaines de projets d'investissement. Cette somme appréciable constitue un intrant de plus d'une centaine de millions de dollars pour le Trésor public.

Par contre, ces investisseurs, pour la plupart de nationalité chinoise, parlent peu l'anglais et se montrent particulièrement réfractaires à toute forme de francisation. Ils demeurent le plus souvent à l'extérieur de la province ou bien la désertent au bout de quelque temps. Après dix ans, à peine 32,7 % des investisseurs admis au Québec y habitent encore, contre 80 % des immigrants de la classe économique. Autrement dit, la classe des possédants choisit le Québec par affaires et celle des moins nantis – dont je suis –, par… amour. Alors, dites-moi, ceux de la «classe affaires» constituent quelle portion des 45 000 immigrants qui, bon an mal an, s'installent ici? Un pourcentage infime.

Chiffres à l'appui, je poursuis donc mon raisonnement: la grande majorité d'entre nous provient de pays en voie de développement – pour ne pas dire pauvres –, et appartient à la classe dite économique. Nous avons choisi le Québec pour améliorer nos conditions de vie. D'ailleurs, en 2007, les dix pays ayant fourni le plus grand nombre d'immigrants au Québec étaient le Maroc, la France, la Chine, l'Algérie, la Roumanie, la Colombie, le Mexique, l'Inde, Haïti et le Liban. Essayez donc de me convaincre qu'on quitte Haïti, le Maroc ou le Mexique parce qu'on n'en peut plus de bouffer du canard confit et de sabrer le champagne.

À tous ceux qui, plus tôt, m'ont rappelé à l'ordre, je demanderai donc d'entonner avec modération le refrain de l'« immigrant indispensable et précieux ». Nous revêtons une certaine importance pour la plupart des Québécois de souche. Mais je n'oserais prétendre que nous sommes irremplaçables. Je gagne ma croûte en me donnant en spectacle. Mais on dénombre ici une telle quantité d'humoristes et de conteurs que si je regagnais le Sénégal, le Québec souffrirait de mon départ autant qu'un éléphant des chatouilles d'une puce.

En revanche, j'inviterai gentiment tous les « pure et dure laine » qui dénigrent l'immigrant de classe économique (ou humanitaire) à se fermer le clapet. Et ce, pour plusieurs raisons.

D'abord, certains d'entre nous arrivent ici bardés de diplômes provenant de très bonnes universités et, par conséquent, ils constituent une véritable manne pour la province. Avec leur venue, le Québec hérite d'une main-d'œuvre hautement qualifiée dont les coûts de formation ont été assumés ailleurs. Un cycle d'études doctorales nécessite un investissement très important. Le fait d'accueillir un ingénieur ou un chercheur universitaire déjà formé constitue un atout économique appréciable pour le pays d'immigration. Il a également été démontré qu'après une présence de 17 ans au Québec le pourcentage d'immigrants bien formés vivant sous le seuil de la pauvreté est comparable à celui des Québécois de naissance. En d'autres mots, en plus de contribuer fortement au taux d'occupation des pouponnières, les immigrants de longue date font profiter notre province de leur relative prospérité.

Mon ami Chakib avait donc raison, lui qui disait: « Si j'ai le statut d'importé, c'est qu'on a payé une taxe douanière pour que je traverse les frontières. En quel cas, je devrais me considérer comme un produit de luxe et être traité avec respect… » Je me permets d'ajouter qu'étant donné l'importance à long terme de la grande majorité des immigrants, plutôt que de les fustiger, les pure laine devraient faire en sorte que la traversée de l'océan ne devienne pas, pour certains, la mer à boire. La plupart de ces néo-Québécois ne cherchent qu'à gagner leur dignité par le travail. Et ils proposent quelque chose d'unique en échange, il suffit de leur tendre la main pour en profiter. En quittant les régions australes pour monter vers le nord, ces expatriés savent bien que 20 % de privilégiés, des

Occidentaux pour la plupart, détiennent 80 % des richesses du globe. En tant que simples mortels égarés sur une minuscule planète bleue, nous devrions faire preuve de solidarité. Ouvrir sa porte à un étranger reste aussi une façon de mesurer son propre seuil de tolérance. Il ne serait donc pas inutile de lui expliquer clairement les us et coutumes qui ont cours en sa nouvelle demeure.

Avec un taux de natalité parmi les plus faibles de la planète, le Québec ne peut se passer de l'immigration pour assurer le renouvellement de sa population. Et, malheureusement, accueillir des gens de pays divers en tentant d'éviter tout choc culturel équivaut à être accro au miel tout en craignant les abeilles. L'ambiguïté des rapports que certains Québécois de souche entretiennent avec les immigrés se manifeste aussi chez les entrepreneurs qui se plaignent de la concurrence de la Chine, mais se joignent à nos gouvernants pour quémander au régime de Pékin des parts de marché. Comment peut-on demander à un pays qui nous rapporte des contrats de plusieurs milliards de dollars de se préoccuper du sort d'un père de famille qui travaille dans une petite usine textile en Estrie ? De façon similaire, lorsqu'il s'agit de convaincre des candidats à l'immigration, on vante le caractère accueillant et l'esprit d'ouverture des Québécois, sans mentionner à ces nouveaux arrivants qu'ils devront adhérer à leurs valeurs fondamentales. Ce qui engendre des rétroactions négatives de l'immigration qui sont comparables à ce qui se passe dans les pays qui tiennent à flirter avec les marchés de la Chine. Le chômage et les problèmes d'intégration finissent tôt ou tard par se pointer.

Personnellement, j'ai la certitude que toute immigration réussie passe par l'intégration. De ce fait, la meilleure façon pour le « rotsac » nouvellement arrivé de cohabiter en harmonie avec le castor consiste à établir avec ce dernier une relation symbiotique, à savoir : la mise en commun des particularités des deux espèces favorisant l'adaptation de l'une à l'autre. Même si la symbiose ne s'applique pas biologiquement aux relations entre individus d'une même espèce, cette hypothèse permet de jeter un nouvel éclairage sur les rapports entre néo-Québécois et ceux dits « de souche ». De toute façon, les débats actuels sur l'immigration donnent parfois à penser que Montréal est peuplée d'une variété d'espèces humaines aux différences très accusées…

LA SYMBIOSE OU L'INTÉGRATION RÉUSSIE : LE CAS DU ROTSAC À PELAGE VARIABLE

Le rotsac à pelage variable se distingue par son étonnante capacité d'adaptation. Il s'installe dans le barrage du castor, s'acclimate très rapidement aux changements et entretient des rapports harmonieux avec le premier occupant des lieux, mettant ses particularités biologiques au service de son associé. Il contribue à la restauration ou à l'amélioration du barrage et n'hésite pas à prendre son tour de guet à la cime des arbres pour avertir le castor de la présence de prédateurs. Avec le temps, il développe une étroite complicité avec son hôte, si bien qu'ils en viennent à se passer difficilement l'un de l'autre. Leurs descendants respectifs s'entrecroisent, se métissent et engendrent une nouvelle race de rongeur, le « casrot », aussi agile dans l'eau que sur la terre ferme et, donc, plus adapté à son milieu que ses ancêtres. Ce rotsac à pelage variable représente donc l'exemple parfait d'une intégration réussie.

Avec le modèle du barrage, la symbiose est perçue comme une sorte d'association d'intérêts mutuels. Dans une telle communauté de biens, le migrant utilise à son profit les édifications du castor et, en échange, met à contribution ses propres expériences et habiletés biologiques pour les entretenir, les améliorer et les protéger. À long terme, ce type de relation peut conduire à une interdépendance étroite entre le castor et son invité, les deux finissant, en bout de ligne, par constituer une seule et même espèce.

La symbiose s'avère profitable aux deux espèces, alors en mesure de relever certains défis liés à l'environnement, ce à quoi, séparément, elles parviendraient difficilement. De façon comparable, le métissage culturel favorise l'émergence d'habiletés ou d'attitudes hors de l'ordinaire. L'*homo quebecensis* du début de la colonie était très différent de celui qu'on connaît actuellement. Le Québécois contemporain résulte d'une sorte de « relation symbiotique » entre populations d'origines française, amérindienne, irlandaise, etc., entre *modus vivendi* à l'américaine et influences européennes, asiatiques et autres. À mon avis, la créativité exceptionnelle des artistes d'ici découle, en partie, de semblable identité recomposée. Même si les brassages chromosomiques interculturels suscitent encore une certaine crainte, c'est le mélange et la diversité génétique qui créent la richesse d'une population.

Récemment, le fils d'un de mes cousins, dont la mère est blanche, me disait ceci: « Quand je suis en Europe, on me considère comme un Noir. Au Sénégal, on me traite comme un Blanc. Pas de place pour la neutralité! » Ses propos ont suscité chez moi quelques observations.

En Afrique, des femmes appliquent sur leur peau un produit chimique, le *khessal*, qui la blanchit presque complètement. Elles risquent ainsi leur vie, le *khessal* étant cancérigène. À l'inverse, les Occidentales fréquentent les salons de bronzage pour assombrir leur peau. Serait-ce, ici comme là-bas, que la gent féminine recherche le teint d'une mulâtre?

Pourtant, le mot « mulâtre » – qui désigne les êtres issus de l'union d'un Blanc et d'une Noire, ou inversement – dérive de *mulata* (mule, en français), terme peu élogieux employé à l'origine par les esclavagistes portugais et espagnols du XVIIe siècle. Ce qui m'amène à poser la question suivante: Pourquoi les humains craignent-ils à ce point la diversité génétique et, donc, le métissage? Pourquoi cette obsession de la « pureté de la race », une classification démodée et scientifiquement démantelée qui a valu tant d'atrocités à la seule race existante, celle des humains? C'est au nom de cette pureté raciale qu'au début du XXe siècle les Turcs ont massacré ou déporté plus d'un million d'Arméniens d'Anatolie. Que, deux décennies plus tard, les nazis ont tenté d'éradiquer – et presque réussi à le faire – le « mal juif ». Et que, plus récemment, les Tutsis du Rwanda ont subi le même sort. Pourtant, nous sommes programmés pour combattre la « pureté génétique ».

Bientôt tous métis ?

Le généticien André Langaney, aussi professeur au Muséum national d'histoire naturelle et à l'Université de Genève, a publié cette réflexion dans la revue *Science et avenir* de novembre 2007.

Bientôt tous métis ?

Oui, mais ce ne sera pas nouveau car nos métissages durent depuis mille siècles, au moins ! Tous les humains actuels descendent d'une seule petite population de moins de 100 000 chasseurs cueilleurs. Venus d'Afrique ou du Proche-Orient (menteur qui prétend savoir !), ces ancêtres ont conquis l'Ancien Monde, puis le Nouveau. Peu nombreux, leurs descendants se sont adaptés, devenant ici plus foncés sous les tropiques, là plus clairs au nord et au sud, plus grands dans les zones tempérées et les déserts chauds, plus petits dans les forêts équatoriales ou les zones polaires. Ayant domestiqué les plantes et les animaux il y a une dizaine de milliers d'années, ils sont devenus des millions. Tant que l'on marchait entre villages d'agriculteurs, les populations gardaient leurs traits physiques, formant des « races » reconnaissables au faciès et à leurs traits culturels. Depuis, les grandes villes sont devenues des creusets où se mélangent, au fil des sentiments, des humains aux origines inextricables.

Mais attention : il ne faut pas se méprendre sur l'effet de ce métissage. Il ne produit pas une uniformisation des populations ou une « café-au-laitisation » des couleurs de peau. Au contraire, il favorise l'apparition de combinaisons nouvelles : cheveux crépus et blonds, yeux bleus et bridés, etc. Vous ne me croyez pas ? Allez donc voir au Brésil, aux Seychelles ou dans tout autre lieu de métissage multiple et ancien !

La biologie animale nous enseigne que les individus de race pure sont les plus vulnérables. De fait, l'appellation de race pure ne s'applique qu'à des animaux de laboratoire obtenus par clonage. La nature privilégie nettement l'impureté. Même des bactéries qui se reproduisent en mode asexué s'échangent parfois des morceaux d'ADN afin d'augmenter la diversité génétique de leur population, ce qui procure un avantage adaptatif face aux changements environnementaux et, par conséquent, favorise la survie d'une espèce.

Chez l'humain, la grande majorité des étapes de la fécondation, depuis la formation des gamètes femelles jusqu'à leur fusion avec un spermatozoïde, résulte du hasard, donnant ainsi naissance à des êtres uniques. Bien sûr, chacun ressemble à ses géniteurs, bien qu'il reste le dépositaire exclusif de certains traits. D'ailleurs, contrairement à une croyance populaire, l'ovule n'est pas fécondé par le spermatozoïde le plus rapide. Il choisirait plutôt le survivant qui détient le patrimoine génétique le plus éloigné du sien. De fait, les êtres humains possèdent les mêmes gènes, sauf que chacun de ces gènes est susceptible de variations, aussi diverses qu'infimes. Appelé polymorphisme génétique, ce phénomène explique le fait que, selon les espèces, entre 10 % et 50 % des gènes sont polymorphes. Si, pour le présent, ces variations légères n'ont aucun effet notable, elles présentent néanmoins un fort potentiel adaptatif. Supposons que, dans un avenir proche ou lointain, notre milieu de vie subisse des transformations radicales ou qu'un virus mortel menace l'existence même du genre humain. Dans ce cas de figure, le génome de certains individus privilégiés sera nécessairement porteur d'un trait particulier assurant la survie de notre espèce. Ainsi, un gène jugé aujourd'hui nuisible et qu'on veut supprimer s'avérera bénéfique plus tard (voir l'exemple de la drépanocytose en encadré).

La biologie nous apprend aussi qu'au moment de choisir un partenaire, les femmes sont inconsciemment attirées par les hommes dont le complexe majeur d'histocompatibilité (ou MHC) est le plus éloigné du leur. J'ouvre ici une large parenthèse pour permettre à ma tante Francine, de Matapédia, de bien saisir.

Le MHC est une sorte de carte d'identité moléculaire dont nos cellules sont dotées et qui les empêche d'être ciblées par le système immunitaire. Pour cette raison, lors de la transplantation d'un organe, on fait en sorte que le MHC du donneur soit le plus près possible de celui du receveur, sinon des médicaments antirejet doivent lui être administrés. Le greffon échappe ainsi aux réactions des globules blancs du receveur, évitant un possible rejet par son système immunitaire. On peut dire que le MHC est aux transplantations ce que les groupes sanguins sont aux transfusions. Il est très rare que des individus possèdent un MHC semblable, sauf chez les proches parents.

En plus de servir de marqueur individuel, le MHC est responsable de certaines de nos odeurs corporelles. Des études menées en Suisse par le biologiste Claus Wedekind ont démontré que les êtres humains en quête de partenaire étaient en mesure de jauger les candidats par leur odeur. En général, nous sommes davantage attirés par un partenaire dont les gènes du MHC se différencient nettement des nôtres.

De fait, lorsque nous respirons l'odeur de notre partenaire, nous mesurons inconsciemment la distance le séparant de notre propre bagage génétique et, donc, de celui de notre famille. Plus l'odeur nous paraît étrangère, plus les risques de coucher avec un proche parent diminuent. Ainsi, au lieu d'avouer à une fille qu'elle vous plaît, les gars, soufflez-lui plutôt à l'oreille: « Hum, je sens qu'on n'est pas histocompatibles. » Essayez ce truc dans un bar. La fille prendra au moins le temps de vous répondre : « On n'est pas histo... quoi ? » Vous aurez alors l'occasion de lui faire un brin de causette.

En faisant respirer à des femmes des t-shirts portés par différents mâles, Wedekind a démontré qu'une majorité choisissait le vêtement porté préalablement par l'homme dont le MHC s'éloignait le plus du leur. Propre aux mammifères que nous sommes, ce mécanisme sert à augmenter notre diversité génétique.

L'auteur de cette étude explique ses résultats de façon convaincante. Les petits des mammifères sont le plus souvent élevés par les groupes de femelles. Les jeunes mâles quittent leur famille et, une fois atteint l'âge de la procréation, ils s'insèrent au sein de groupes de femelles non apparentées. Cette évaluation par l'odeur permet donc d'éviter les accouplements consanguins.

En revanche, soumises au même test des t-shirts, les femmes enceintes adoptent un comportement contraire. Elles tendent à choisir les hommes dont le bagage génétique est le plus proche du leur, ceux-ci leur paraissant plus susceptibles de les comprendre et de les aider à élever leur poupon.

Faut-il en déduire que, sur les plans physiologique et génétique, l'être humain est condamné à choisir entre la tentation – risquée – de s'ouvrir à la différence de l'autre et la confortable sécurité offerte par ses semblables ? Autrement dit, on applaudit le mouton noir, mais on craint de s'en approcher ?

La drépanocytose : un gène qui tue et protège à la fois

La drépanocytose est une maladie rare qu'on appelle aussi l'anémie à hématies falciformes. Un problème héréditaire qui se traduit par la formation de globules rouges en forme de faucille (falciforme). Elle touche 50 millions d'individus, surtout en Afrique intertropicale, mais aussi dans certaines régions de l'Inde, aux Antilles, au Brésil et chez les Afro-Américains. Les individus porteurs des deux copies du gène anormal ont des problèmes respiratoires qui compromettent leur longévité parce qu'ils abritent dans leur sang une hémoglobine inefficace. Une anomalie qui complique la circulation du sang dans les capillaires et, par conséquent, l'oxygénation des tissus. Pendant longtemps, on a considéré la drépanocytose comme une énorme tare génétique qu'il fallait comprendre et éradiquer. Du moins jusqu'au jour où l'on a découvert que les individus sains porteurs d'une seule copie du gène anormal sont protégés contre la malaria. Ce qui fait que dans certaines régions de l'Afrique où cette affection est endémique, jusqu'à 30 % de la population peut être constituée de porteurs sains. Ce cas particulier de polymorphisme génétique démontre à quel point il est difficile de définir ce que sont un bon et un mauvais gène.

Proche parent de la symbiose, le mutualisme constitue une autre forme de relation écologique interspécifique. Ce type de coopération permet d'améliorer les conditions de vie des deux espèces qui s'engagent dans un tel processus. Mais, contrairement à la symbiose, cette alliance n'implique aucune obligation d'union permanente, pas plus que la séparation des espèces mutualistes n'a d'effets néfastes sur l'une ou sur l'autre.

Si on les met en relation avec la problématique de l'immigration, la symbiose et le mutualisme représentent, à mon avis, deux formes d'intégration réussie. Les compétences et les modes de vie des individus migrants, sous plusieurs aspects, diffèrent de ceux des premiers occupants. Les nouveaux arrivants profitent de la qualité de vie de leur société d'adoption et, en échange, contribuent à son mieux-être. Ils s'efforcent de se mettre au diapason de la population locale. Leurs descendants, quant à eux, plutôt que de se définir en tant qu'immigrants, se considèrent comme des citoyens à part entière du pays d'élection de leurs parents. Bons patriotes, ils se posent en défenseurs de l'intégrité du territoire québécois. Ils développent un tel lien d'appartenance qu'ils se perçoivent d'abord comme des citoyens d'ici, malgré leur attachement légitime à la patrie de leurs géniteurs.

Je ressens un réel malaise lorsque j'entends des jeunes nés et élevés à Montréal affirmer qu'ils sont Français, Grecs, Marocains ou se réclamer de je ne sais quelle autre nationalité. Cette prétention se comprend aisément durant le Mundial de soccer mais, après la remise de la coupe, il faut réintégrer le Québec.

Une fois, j'ai remis sur le nez à un ami ce que je considérais comme des excès.

– Mais enfin, Assan, pourquoi répéter à tout venant que tes petites sont Marocaines ? Elles sont nées à Montréal, elles jouissent des mêmes privilèges et services que les citoyens d'ici, non ?

– Peu importe où ces deux-là vivent, Boucar. Leur identité tient à leur origine. Moi, leur père, je suis Arabe et leur mère aussi. Parce que nous les avons conçues et que nous le voulons ainsi, nos deux filles sont et resteront Marocaines.

– D'accord, tu viens du Maghreb et tu tiens à tes racines. Mais sur quelle terre poussent tes branches ? Ici, tu l'admettras. Et les fruits que tu y produis tiennent davantage à tes branches qu'à tes racines. En n'ayant que le Maroc à la bouche, tu transmets à tes filles ta propre nostalgie d'un pays dont elles savent peu. Un pays qui n'est pas le leur, Assan !

Des Assan, il en existe également chez les Québécois pure laine. D'ailleurs, le premier inconnu qui me demande si j'aime la poésie, je l'invite à prendre un pot pour fêter l'événement. En effet, la question préférée du gars ou de la fille d'« icitte » qui rencontre un inconnu aux caractéristiques ethniques ou raciales distinctes des siennes reste : « Tu viens d'où, *toé* ? » Comme si le 100 % pure laine était obligatoirement un individu de type caucasien. Pourtant, des tas de Québécois de provenances diverses font dans la laine du pays.

Pourquoi ne pas demander : « Tu habites où ? » Même les Québécois de souche s'enquièrent entre eux de leur lieu d'origine. D'accord, mais le « Tu viens d'où ?» assené à l'immigrant se distingue de celui que l'on lance au pure laine en ceci qu'il est généralement assorti d'une seconde question : « Vas-tu retourner chez toi ? » Ce à quoi je réplique d'instinct : « Oui, j'y retourne chaque soir après le boulot. »

Le fils de mon ami Abdoulaye fréquente l'école primaire. À son enseignante qui s'informait de son pays d'origine, Samba a rétorqué :

– Du même pays que toi.

– Je ne suis pas une Africaine, a-t-elle ajouté.

– Moi non plus, a conclu Samba.

Mon fils s'appelle Anthony Diouf. Il est né « bronzé » mais, contrairement aux apparences, c'est un Gaspésien dont le papa vient du Sénégal. J'ai la certitude que, trop souvent au cours de sa vie, on lui demandera d'où il vient. S'il répond qu'il est Gaspésien, les gens réagiront avec un sourire en coin. Façon de lui signifier l'incompatibilité entre les prédicats « Diouf » et « Gaspésien ». Ses enfants feront peut-être la même expérience. À la suite de Dany Laferrière, je me demande à quel moment on cesse d'être immigrant pour devenir « de souche ». Existe-t-il un délai d'attente, un accent ou un teint déterminés à partir desquels le statut de pure laine se substitue à celui d'immigrant ?

Albert Memmi a écrit que, « pour les enfants d'immigrés, il n'y a pas de retour possible, puisqu'ils ne sont pas partis. Et s'il leur prend d'aller au pays de leurs parents, il s'agit d'un voyage de découvertes souvent décevant. »

L'identité d'un individu ne tient pas qu'à ses racines. Personnellement, je me définis en tant qu'Africain et Québécois ou Afro-Québécois, même si ce dernier qualificatif sonne comme « affreux Québécois » aux oreilles de certains. Mais ma définition préférée reste, de loin, « Québécois pure laine vierge de mouton noir minoritaire visible le jour et invisible la nuit ».

Cela dit, voici quelques anecdotes sur mon apprentissage de la culture d'ici, alors que je marchais sur le chemin de l'intégration.

De Dakar à Mont-Joli

Après l'obtention d'une attestation d'études approfondies en biologie végétale à l'Université Cheikh Anta Diop, à Dakar, une bourse de la francophonie m'a permis d'amorcer des études de 3e cycle au Québec.

À l'époque, le peu que je connaissais du Canada m'avait été transmis par mon prof de géographie du lycée. Je savais surtout que le Québec était cet « îlot francophone perdu dans un océan anglophone : l'Amérique du Nord ». En ce qui concernait la région du Bas-Saint-Laurent, où j'étais appelé à passer les six années suivantes, mes connaissances étaient nulles. À Dakar, l'Agence canadienne de développement international avait jugé utile de me dispenser une formation d'une semaine. J'y avais recueilli plein de renseignements sur le Québec, ses particularités culturelles et le choc que me réservait cet environnement si différent de ma savane natale.

Je me souviens comme si c'était hier du long voyage qui m'a conduit de mon bled, situé non loin du chef-lieu de Fatick, jusqu'à Rimouski. Nous avions couvert la première partie du trajet dans un taxi-brousse. Une vieille carcasse qui rotait en laissant derrière une traînée de gazole. Tout au long de notre traversée des villages du Sine, des enfants à demi nus et juchés sur leurs jambes frêles nous saluaient de la main. De rachitiques chiens galeux aboyaient à notre passage ou couraient derrière notre tape-cul vétuste comme s'il s'agissait de quelque gibier invraisemblable. À travers la vitre poussiéreuse, je regardais avec délectation défiler les arbres de la savane : roniers, acacias et autres maigres feuillus ou épineux. À l'horizon, adoptant une position de soumission, les baobabs tendaient leurs branches digitées vers le ciel pour implorer les dieux de la pluie.

Maîtres du ciel, les vautours et les éperviers planaient inlassablement au-dessus de cette végétation rabougrie, en quête d'un animal vaincu par le climat torride. À chaque arrêt, une foule de marchands s'agglutinait autour de nous. La marchandise proposée variait des œufs bouillis aux noix de cajou, en passant par les fruits sauvages de la savane.

Après cinq heures de taxi-brousse, nous avons atteint Dakar. Les formalités d'enregistrement et de douane réglées, j'ai pris place dans l'avion près d'un hublot. Un bruit de moteur et, après quelques minutes, on observait déjà, du ciel, les lumières de la capitale sénégalaise.

De ce voyage, je me souviens surtout du service de bord. Je n'avais qu'à lever la main pour qu'une jeune femme blanche m'apporte nourriture et consommations. Ce qui faisait dire au vieillard ayant pris place à mes côtés que, si le paradis existait, il ressemblerait à cet avion.

Le trajet depuis Dakar m'a paru longuet, jusqu'à ce que mon voisin s'endorme. Ce monsieur ne jurait que par le paradis.

Les malheurs du continent noir avaient amené ce vieillard à associer le paradis à des satisfactions aussi ordinaires que le fait de manger à sa faim ou de boire du Coca-Cola. Je ne comprenais rien aux récits portant sur les origines de Dieu, Allah ou Yahvé. Tandis que la science affirme, preuves à l'appui, que l'homme descend du singe, la religion chrétienne tient mordicus au fait que Dieu nous a créés à son image. Pourtant, si Dieu était un singe, il y aurait consensus sur le sujet. Et puis, les singes vivent dans les arbres, insouciants du fait que les branches qui se rompent sous leur poids ou les noyaux de fruits qu'ils balancent tombent sur des créatures terrestres sans défense. À moins que, comme dans l'histoire des trois singes, la devise du Tout-Puissant soit : « Je ne vois rien, ne dis rien et n'entends rien. »

Malgré l'excitation du départ, les échanges avec mon voisin et les allées et venues de l'hôtesse de l'air, j'ai finalement succombé au sommeil. À mon réveil, le commandant de bord annonçait déjà notre atterrissage à l'aéroport de Mirabel. De là, un petit avion m'a conduit à Mont-Joli où j'ai éprouvé un véritable choc, comme je le relate régulièrement sur scène.

Dehors, plus de roniers, plus de baobabs, plus d'épineux. Pas un seul arbre que je reconnaissais. Une épaisse couche blanche, semblable à du sucre en poudre, recouvrait ce pays que Dieu semblait avoir confondu avec une calebasse de lait caillé. Dehors, il faisait un froid que même mon grand-père, au cours de sa longue vie, n'aurait pu imaginer. En quittant le petit aéroport régional de Mont-Joli, j'ai compris la raison de ce « Je me souviens », devise du Québec. Et pour cause : ce premier contact avec l'hiver s'est inscrit à jamais dans ma mémoire.

À Dakar, le choc culturel avait occupé le centre de nos discussions. Pourtant, le choc thermique a exercé un pouvoir autrement dévastateur sur l'animal à sang chaud que je suis. Et je me suis pointé à Rimouski sans me douter qu'entre le froid et le *frette*, il y avait un écart marqué d'au moins 20 degrés…

Le premier choc encaissé en a ainsi été un thermique. Ce n'est qu'une fois l'armistice signée avec le froid que je me suis colleté avec l'autre composante des corps à corps Sud-Nord – et inversement. Heureusement, dix ans auparavant, j'avais été témoin d'un choc culturel survenu lorsqu'un Blanc s'était aventuré dans notre petite communauté sérère, ce qui m'avait donné des munitions.

Premier choc culturel

Dans mon livre précédent, intitulé *Sous l'arbre à palabres, mon grand-père disait…*, j'ai raconté l'histoire de Brunet, le premier caucasien venu se balader dans mon village. C'est la rencontre entre ce Blanc et mon père qui a éveillé ma curiosité à l'égard des manifestations extérieures du choc culturel. Pendant son séjour, Brunet, en étranger non averti, s'était permis de péter en pleine assemblée sous l'arbre à palabres. Il ignorait que, chez les Sérères, le fait de vesser en public était considéré comme un geste répréhensible. À l'aise parmi ses flatulences, notre visiteur en commentait même l'odeur ou la tonalité. Pourtant, chaque fois qu'il s'échappait, ses voisins de table figeaient sur place. Incapables de réprimer leur dédain, certains lançaient en sourdine :

– Quand la sagesse a frappé à sa porte, ce Blanc était absent. Comment ose-t-il se couvrir ainsi de honte sans courir se cacher dans l'eau comme un crocodile ?

Si mon père et les hommes du village condamnaient sans recours ses pets impromptus, Brunet, en revanche, jugeait répugnante leur habitude d'éructer après les repas. En pays musulman, on signale à son hôte en rotant qu'on apprécie sa cuisine. Pourtant, le visage de notre convive se crispait à chaque éructation de mon père. Une fois, n'en pouvant plus, il m'a confié son malaise :

– Quel manque de savoir-vivre ! Comment peut-on roter à table sans aucune retenue ?

Plus j'observais ces différences culturelles, moins les miens me semblaient tolérants à l'égard du Français. À l'époque, je considérais que sa responsabilité était nulle, étant donné sa méconnaissance des pratiques sérères. Je blâmais plutôt ma sœur, qui avait omis de l'informer de nos règles de bienséance. À sa décharge, il faut ajouter que notre tradition interdisait à Issa, alors adolescente, d'aborder tout sujet intime avec un Blanc qui, en sus, atteignait l'âge d'un patriarche. Les seuls qui étaient autorisés à lui passer le message étaient des vieillards comme lui, dont aucun ne parlait français.

Je me montrais déjà très critique quant aux croyances et pratiques ancestrales. À mes yeux, Brunet faisait figure de révolutionnaire. Je le trouvais très drôle, l'incitant parfois à lâcher une vesse, ne serait-ce que pour me moquer de la réaction des villageois. Je l'ai même persuadé que les hommes appréciaient sa façon de prendre ses aises en public.

À cette époque, je mettais en cause le manque d'ouverture de mon peuple envers les Blancs. Depuis mon arrivée au Québec, je partage l'avis contraire : Brunet faisait simplement fi des règles de savoir-vivre à l'étranger. En effet, quand on va à la rencontre de l'Autre, il convient de ménager la susceptibilité de son hôte. En sa qualité de touriste, il lui revenait donc de se renseigner d'abord sur les us et coutumes sénégalais et, une fois sur place, de s'adapter progressivement à nos singularités. Ma famille l'avait « accommodé », acceptant de bonne grâce certains comportements jugés malséants ici, comme celui de déambuler en culotte dans la maison ou de manger avec une fourchette. Mais, vrai, les miens n'avaient pas à être témoins de ses troubles digestifs. En voyage, lorsqu'on perd ses propres repères culturels, il n'est pas interdit de faire des conneries, mais il faut agrandir ses yeux et ses oreilles et rétrécir sa bouche pour apprendre. J'ai réalisé ce fait au cours de mes premiers mois au Québec : j'étais si perdu que j'avais l'impression de vivre une seconde naissance, sans parent pour accompagner mes premiers pas. Peu à peu, la notion de choc culturel a pris forme, parfois de façon cocasse.

Quand les repères disparaissent

Peu après mon installation à Rimouski, ma voisine de palier est venue frapper à ma porte et m'a souhaité la bienvenue en me présentant un plateau de petites douceurs: «Ça s'appelle des pets-de-sœur. Moi pis ma sœur, on les a faits ce matin et ils sont encore tout chauds.» Je l'ai remerciée pour son geste, ironisant en secret: «Merci, ma petite dame. Je suis flatté de vos flatulences maison! D'ailleurs, je les réchauffe à l'instant au micro-ondes. Voilà qui embaumera mon appartement.» Le lendemain, pendant que je me demandais encore par quel miracle de la chimie mes voisines avaient réussi à transformer des gaz en matières solides, la bonne dame a réapparu. Un sachet de plastique à la main, elle m'a proposé de goûter à du «fromage en crottes» de Trois-Pistoles. Tout en appréciant sa gentillesse, je me suis étonné que ce pays pousse l'art du recyclage aussi loin...

Je me souviens aussi de la fois où la mère de ma première petite amie gaspésienne m'a offert de la «viande de bois». Perplexe, je me suis retranché dans le salon en me grattant le ciboulot. De la viande de bois? S'agissait-il de pièces de bois cuites dans leur écorce? Allait-on bouffer bio ou un billot? ou utiliser des égoïnes à la place des fourchettes?

Cette intense période d'interrogations s'est prolongée lorsque belle-maman est revenue à la charge, proposant comme dessert une «bûche à l'érable». Ce coup inattendu m'a suffisamment sonné pour que, le plus sérieusement du monde, je me demande si j'avais affaire à une famille de bûcherons intégristes qui se prenaient pour des termites. Mais, après qu'on eut servi ce succulent repas, j'ai apprécié la justesse du dicton de mon grand-père: «L'homme a beau ouvrir grand les yeux, il fait figure d'aveugle en pays étranger.»

À cette époque, les subtilités de la parlure québécoise échappaient à mon entendement. Tellement que, quand un jeune homme dans un bar m'a demandé si je voulais «manger une claque *su'a yeule*», j'ai failli lui répondre: «Avec plaisir.» J'ai cru qu'il m'offrait une sorte de spécialité locale. Aujourd'hui, il m'arrive de penser que le Québec est l'unique endroit au monde où, avant de démolir le visage d'un rival, on lui demande s'il désire «un poing dans face». J'ignore si certains répondent: «Non, merci, je *feel* pas pour ça aujourd'hui. Mais un bon coup de pied au cul, je dirais pas non.»

En plus des singularités linguistiques, il m'a fallu composer avec les caprices du climat, apprendre à bosser avec un ordinateur, à cuisiner et à adopter d'étranges aliments. Cela, en solitaire et sujet à des élans de nostalgie. Après une longue période de réflexion, j'ai conclu que je devais agrémenter mon séjour à Rimouski. Sinon, je ne tiendrais pas le coup durant les six ans prévus par mon cursus universitaire.

En biologie, on apprend que l'introduction d'une espèce dans un milieu qui lui est étranger donne lieu à un ensemble de changements d'ordre morphologique, comportemental ou physiologique. Les modifications que subit cette espèce ont pour objet d'assurer sa survie.

Parmi les disciplines traitant de ces transformations, la biologie adaptative ou évolutive propose divers concepts qui peuvent mettre en lumière certains phénomènes liés à l'immigration.

En premier lieu, il y a la notion d'adaptation, utilisée de manière abusive de nos jours.

Ce terme décrit une série de mutations biologiques permettant à une espèce d'exploiter de façon optimale son environnement. L'éperlan et le poulamon, par exemple, se sont adaptés au froid, au sens où l'un et l'autre ont appris, au cours d'un long processus d'évolution, à produire des protéines antigel, molécules dont la synthèse est induite par le froid et qui les protègent de la congélation en inhibant la formation de cristaux de glace dans leur chair. Cette particularité permet à ces deux variétés de poissons de passer l'hiver dans les eaux froides du Saint-Laurent, tandis que plusieurs espèces migrent vers des lieux marins plus hospitaliers.

Sous cet angle, il est incorrect de dire qu'un immigrant s'est adapté au Québec simplement parce qu'il sacre comme un bûcheron ou connaît par cœur les *tounes* de notre Plume national !

Parente de l'adaptation, la notion d'adaptabilité constitue l'aptitude d'une espèce à modifier certaines marques biologiques dans un effort d'intégration aux particularités d'un milieu de vie différent. Cette faculté implique une malléabilité comparable à celle d'un gant dont la forme se modifie en se moulant à la main qui s'y glisse. L'adaptabilité, c'est l'aptitude d'un organisme à changer ses habitudes en fonction d'un nouvel environnement

Au premier stade de l'adaptabilité, on retrouve une phase appelée en anglais *accommodation*. Ce terme désigne l'ensemble des changements rapides auxquels procède une espèce luttant pour sa survie. Par exemple, le transfert d'une truite de lac ou de rivière en eau salée engendrera chez elle un choc osmotique, c'est-à-dire causé par la différence de salinité entre son sang et le milieu extérieur, comparable au choc culturel. Son organisme réagira prestement pour s'accommoder avec cette nouvelle condition. La truite augmentera donc la salinité de son sang et produira un certain nombre d'hormones, dont le cortisol, qui inhibent le stress. Pour être efficace, l'accommodation doit donc s'effectuer avec rapidité.

Par ailleurs, pour survivre plus longtemps dans un nouveau milieu, l'espèce migrante ou introduite doit mettre en œuvre une stratégie à long terme appelée acclimatation ou naturalisation. Dans ce cas, elle est tenue d'entreprendre une série de modifications plus prononcées et durables.

L'adaptabilité d'une espèce facilite sa naturalisation, de la même façon que l'ouverture à l'Autre et la curiosité prédisposent un immigrant à l'intégration. Le fait qu'une espèce présente une grande adaptabilité implique également qu'elle ne soit pas trop « adaptée » à son habitat originel, autrement dit « spécialisée ». Une espèce dite adaptée à son milieu se compare à un médecin spécialiste, tandis qu'une autre, dotée d'une grande adaptabilité, s'apparente à un généraliste. Ce dernier possède un champ de connaissances plus vaste que le premier qui, lui, n'approfondit qu'un seul secteur du savoir médical. En ce sens, une espèce trop adaptée à un milieu particulier se naturalisera difficilement en territoire étranger ou, *a fortiori*, hostile.

De la même façon, un individu qui ne jure que par son pays d'origine peinera à s'imprégner de la culture de sa terre d'accueil. Il aura tendance à y rechercher les conditions prévalant dans le milieu duquel il est issu. Il sera tenté de contourner les lois ou de se cantonner à un cadre de vie et à des habitudes qui font presque partie de sa génétique.

L'adaptabilité requiert donc, d'une part, un faible degré de spécialisation et, d'autre part, une certaine souplesse, une capacité à se débrouiller en des lieux très variés. Les espèces aisément adaptables se comparent aux immigrants qui présentent un fort potentiel d'intégration. Ceux-ci composent avec des identités multiples, appréciant les diverses facettes d'une culture reconstituée.

Au pôle opposé, on retrouve des groupes ou individus tentés de transplanter leur culture d'origine dans leur milieu d'adoption, sinon de l'imposer à la majorité. Ancrés dans leurs traditions, ces nouveaux arrivants exigeront des accommodements leur permettant de s'adonner, sans restriction, à leurs pratiques culturelles ou religieuses. Repliés sur eux-mêmes, ils magnifient leurs origines, proches ou lointaines. Pourtant, comme disait mon grand-père : « Dans la maison d'autrui, ouvre les yeux avant d'ouvrir la bouche. » Et j'ajouterai : « … de crainte d'offenser ton hôte. »

Réussir sa naturalisation, ou s'intégrer à un nouvel environnement, demande du travail. En premier lieu, il est nécessaire d'aller vers les autres et de leur tendre la main. Il est impossible de s'approprier une autre façon de vivre en restant assis dans son nid douillet, au milieu des siens. L'intégration est un phénomène actif qui implique un effort, un entraînement, au contraire de l'assimilation, conséquence fatale de la passivité. Si le Québec, par exemple, n'avait pas eu le courage d'adopter une loi établissant le français comme seule langue officielle sur son territoire, les francophones auraient maintenant le statut de groupe minoritaire sur l'île de Montréal. Dans cette optique, l'immigrant doit s'approprier des pans entiers de la culture du peuple qui l'accueille, et tendre vers la double identité sans craindre d'y laisser la sienne.

Darwin et l'adaptation

Depuis les travaux de Charles Darwin (1809-1882), la sélection naturelle est considérée comme le mécanisme permettant d'expliquer comment l'environnement influe sur l'adaptation des individus et des populations. Le célèbre naturaliste anglais, père de la théorie de l'évolution, est probablement celui qui a popularisé cette notion d'adaptation des êtres vivants que l'on mélange à toutes les sauces. Ses travaux ont démontré qu'en favorisant les individus porteurs de caractères héréditaires les prédisposant à la survie et à la reproduction, cette sélection naturelle pousse les espèces à s'adapter de plus en plus à leur environnement. C'est ainsi que l'éperlan est devenu spécialiste des eaux froides, même si ses ancêtres lointains avaient de la difficulté à survivre aux basses températures. Fort de ce concept, on peut envisager le jour où les humains seront vraiment adaptés à une température de -25 °C: les bébés naîtront dotés d'un épais duvet, d'une paire de raquettes et d'une bonne réserve de graisse qui leur servira de combustible.

Même si Darwin est considéré comme l'un des plus grands esprits de son temps, l'histoire oublie souvent de mentionner que sa théorie adaptative avait été utilisée à des fins moins nobles par son cousin Francis Galton (1822-1911). Grand théoricien obsédé par l'hérédité du génie, Galton disait ouvertement que sa compréhension rapide de la pensée de Darwin sur l'origine des espèces s'expliquait en grande partie par leur génétique commune. Qu'ils détenaient tous les deux leur intelligence de leur ancêtre et autre grand penseur qui s'appelait Erasmus Darwin (1731-1802).

Convaincu que l'intelligence se transmettait d'une génération à la suivante, Galton ne tarda pas à épouser le « darwinisme social » dont le fondateur était un autre théoricien de l'Angleterre victorienne, Herbert Spencer (1820-1903). Cette théorie considérait que la compréhension de la théorie sélective de Darwin devrait être mise au service de l'amélioration des sociétés humaines. Étant donné qu'à cette époque Darwin n'avait pas beaucoup réfléchi sur le cas particulier de l'espèce humaine, Spencer et Galton ne tardèrent pas à le faire à sa place.

C'est de ce « darwinisme social » qu'émaneront les théories eugénistes qui, dans l'optique d'une amélioration de l'espèce humaine, conduiront à des catastrophes. Spencer recommandait aux gouvernants de cesser toute forme d'aide aux gens les plus démunis qu'il assimilait tout simplement à ces espèces dont Darwin disait qu'elles disparaissaient parce qu'elles étaient moins adaptées. La pauvreté n'était que la manifestation de l'échec d'un individu dans ce que Spencer appelait la compétition sociale. De son côté, Galton affirmait avec certitude que la protection des plus faibles, les malades mentaux par exemple, éliminait les effets positifs de la sélection naturelle sur l'espèce humaine. Et qu'avec le temps cette défense des moins adaptés allait conduire à une généralisation des problèmes mentaux et physiques chez l'*homo sapiens*. Il proposa donc un programme de sélection artificielle pour éviter que ces individus « faibles » ne se reproduisent et n'affaiblissent par leur tare la génétique des populations humaines.

Après avoir gagné le reste de l'Europe, les théories eugénistes forgées en Angleterre trouveront preneur aux États-Unis où, dès la fin du XIXe siècle, les premiers programmes de stérilisation massive d'individus porteurs de tares et de maladies héréditaires étaient mis en place. Cette forme d'eugénisme qu'on qualifie de « négative » était pratiquée aussi au Canada et au Mexique. Même l'homosexualité était classée par les psychologues et médecins de l'époque comme des tares génétiques à éradiquer. On tentera, dans la foulée de la découverte de la testostérone en 1935, de corriger cette « pathologie » que l'on croyait associée à une carence en hormones mâles. Pour ce faire, on rassemblait les homosexuels dans des cliniques spécialisées et on leur donnait des injections de testostérone.

Or, tout biologiste qui se respecte sait que la testostérone augmente la libido, mais qu'elle n'a aucun effet sur l'orientation sexuelle. Imaginez maintenant des jeunes homosexuels enfermés dans une clinique et dopés à la testostérone...

Lorsque les chercheurs de l'époque se sont rendu compte que personne ne se pencherait en ces zones – même pour y ramasser un billet de 20 dollars –, il est possible qu'ils aient conclu que leurs sujets avaient des *bibittes* dans la tête. L'homosexualité a été retirée du grand livre des maladies mentales en 1985.

En Allemagne, c'est en 1933 que la loi eugéniste a été décrétée par le gouvernement hitlérien. Au début, le programme était destiné principalement à la stérilisation de patients atteints de maladies telles la débilité mentale, l'épilepsie ou la schizophrénie. Son extension aux populations juives a été par la suite inspirée à Hitler par les travaux d'un autre médecin eugéniste, Otmar von Verschuer (1896-1969).

En effet, dans ses recherches consacrées aux débiles mentaux en Allemagne, Verschuer, à l'époque directeur de l'Institut d'anthropologie d'hérédité humaine de Berlin, avait rapporté que les populations juives d'Europe centrale comptaient de deux à trois fois plus de porteurs de maladies mentales que les autres habitants non juifs des mêmes pays. Cette affirmation deviendra le prétexte et le point de départ de ce que l'on appelle aujourd'hui la Shoah.

Une seule observation avait mené à une généralisation de la haine raciale. Si Darwin avait pris le temps de clarifier ses idées sur l'évolution des sociétés humaines, les eugénistes n'auraient peut-être pas eu l'occasion de pervertir sa biologie adaptative et de l'utiliser à des fins moins nobles.

De la même manière, si les gouvernements du Québec et du Canada expliquaient aux candidats à l'immigration les valeurs propres à l'une et l'autre nations – si souvent évoquées, mais si peu détaillées –, nous aurions probablement fait l'économie d'une commission pour discuter de la façon dont nous souhaitons cohabiter. « Qu'ils s'adaptent et s'intègrent à notre mode de vie ! » entend-on. Toutefois, tant l'intégration que l'adaptation demeurent des concepts galvaudés, donc fort difficiles à circonscrire.

S'intégrer, c'est aller vers l'Autre

À mes débuts à l'Université de Rimouski, comme j'ignorais l'abc des tactiques d'approche, je me tenais à l'écart. Les étudiants me « zieutaient », disons, mais aucun ne venait vers moi. Jusqu'au jour où j'ai découvert qu'un sourire, même hésitant, suffisait pour que s'illumine leur visage.

Cette observation m'a ouvert les yeux et j'ai résolu de m'adapter et de m'intégrer, ce qui s'avéra pour moi salutaire et fécond. Je venais de saisir les rudiments de la « théorie de l'intégration active ». Selon ma conception, l'intégration s'effectue en vertu d'une dynamique bidirectionnelle. Le nouvel arrivant doit d'abord poser un geste d'ouverture à l'endroit des occupants de sa terre d'accueil.

Du moins, ma phase de « québécisation » s'est-elle amorcée ainsi. Cette étape initiale requiert des efforts : étude de l'histoire, connaissance des us et coutumes, imprégnation de la culture et des symboles nationaux, etc. Dans mon cas, les Rimouskois ont apprécié le fait que le Sénégalais féru de biologie marine que je suis s'approprie une part de leur identité collective.

Puis s'est enclenchée la seconde phase, dite de « sénégalisation » de l'Autre. Tout immigrant rêve de vivre à la fois dans la culture dont il a hérité et dans celle dont il découvre les attraits. Ce désir d'ubiquité se réalise, entre autres, en propageant sa culture originelle au sein de son pays d'adoption.

Je me suis d'abord employé à sensibiliser les écoliers aux différences culturelles et à l'importance de s'ouvrir au reste de la planète. J'ai sillonné l'Est du Québec en donnant des ateliers à des milliers d'enfants. En plus de l'humour, le conte m'a permis de livrer mon message. Après plusieurs années en milieu scolaire, les jeunes me saluaient dans la rue et me présentaient à leurs parents. Ainsi Boucar a-t-il importé, peu à peu, des petits bouts du Sénégal dans sa région d'adoption.

Mes efforts d'intégration ont débuté très tôt, mais la preuve de mon acceptation par le milieu ne m'a été fournie que dix ans après mon arrivée, alors qu'on m'a contacté pour me demander d'animer, à Rimouski, les cérémonies des Jeux du Québec. Depuis belle lurette, la « capitale régionale » n'avait pas accueilli de manifestation aussi imposante. J'avais confié à Marie-Christine, directrice artistique du spectacle d'ouverture, qu'il était impensable qu'un Sénégalais 100 % cacao soit choisi pour donner le coup d'envoi à un événement de cette envergure. Eh bien, le Conseil municipal m'a confirmé, à l'unanimité, son désir de me confier le rôle d'animateur ! Quand Marie-Christine m'a annoncé l'heureuse nouvelle, j'ai eu peine à contenir mon émotion, touché surtout par le privilège qu'on m'accordait. Un peu plus tard, affublé d'un boubou typique et jouqué sur la grande scène, Boucar le Sérère animait les cérémonies d'ouverture et de clôture des 20ᵉ Jeux d'hiver du Québec. En sus, pendant la parade inaugurale, un joueur de percussions traditionnelles précédait la délégation sportive de chaque région. Ce qui ajoutait à la couleur africaine de ces soirées – et à mon propre bonheur, vous l'aurez deviné.

Dans ce cadre festif, j'ai écrit mes premiers textes humoristiques où j'y allais de commentaires et d'observations sur l'hiver « canayen » et étalais les états d'âme qu'il suscitait chez moi. Apparemment, ces courts monologues agrémentés de chants sénégalais ont fait sensation auprès des athlètes et des spectateurs. Et, unanimement, les journalistes se sont déclarés ravis par l'originalité de ces soirées d'ouverture et de clôture.

Ce passage sur les planches constituait une étape cruciale de mon aventure québécoise.

Avant, je n'étais qu'un enseignant africain en biologie marine séjournant en région. Après, je suis devenu un authentique citoyen rimouskois d'origine sénégalaise. Une appréciation de mon statut symbolique qui m'a incité à poursuivre et à diversifier mon implication auprès des jeunes.

En collaboration avec un organisme régional d'aide aux immigrants, j'ai commis un texte intitulé *La Mystérieuse de Kaloua*. Ce conte destiné aux jeunes lecteurs illustre sur un mode ludique comment les échanges entre peuples étrangers sont, en dépit des difficultés, une source d'enrichissement mutuel. Dès sa publication, il a été distribué gratuitement dans les écoles et dans les bibliothèques de la région.

L'enthousiasme soulevé par *La Mystérieuse*... a été tel qu'on m'a remis en 2006 un prix très convoité à l'échelle nationale: le prix Jacques-Couture, décerné par le ministère de l'Immigration et des Communautés culturelles, pour la promotion du rapprochement interculturel. (Ce conte figure en annexe.)

Maintenant, quand je circule au Québec et que j'entends çà et là fredonner des airs traditionnels du Sénégal ou des gens citant des proverbes sérères, je sens intimement que j'habite la contrée idéale: le Québégal. Une nation dont j'aurai contribué à la création en m'extrayant de ma solitude et en m'ouvrant aux gens de la place, à commencer par mes camarades de classe. Chantal, Dominique, Nathalie, Stéphane et d'autres m'ont donc pris sous leur aile, avec détour obligé par la musique traditionnelle, la cabane à sucre, les tournées du temps des fêtes, ainsi que par certains chapitres, plus ou moins glorieux, de l'histoire nationale. Par l'entremise de ma copine d'alors, je me suis ensuite pénétré du monde rural et de la vie familiale d'ici, avec les différences et les similitudes qui les dissocient et les rapprochent de ceux du Sénégal.

Avec le temps, j'ai établi des parallèles entre le Québec et le Sénégal, entre la région du Bas-Saint-Laurent et ma commune sérère. À mes yeux, il s'agit de deux univers très apparentés, voire de deux cultures sœurs. Ainsi, que l'on soit à Dakar ou à Fatick, à Montréal ou à Gaspé, l'humour constitue la meilleure façon d'aborder un inconnu et de construire des ponts entre les cultures. Comme, depuis ma jeunesse, j'avais développé cette disposition d'esprit, elle m'a servi d'instrument de séduction et de rapprochement avec les autres.

S'intégrer, c'est accepter de rire de nos différences

Il existe en Afrique noire une sorte de pacte interethnique appelé « le cousinage de plaisanterie ». Il s'agit d'une forme de jumelage entre deux ethnies voisines qui les oblige à fraterniser avec humour. Les règles de cette alliance, paraphée par les ancêtres lointains, doivent être respectées scrupuleusement par leur descendance, sous peine de provoquer leur colère. Ainsi, Boucar le Sérère ne peut en aucun cas se chamailler avec l'un de ses « cousins de plaisanterie » de l'ethnie toucouleur ou diola. Inversement, si nous nous rencontrons, sans même nous connaître, il nous est permis de donner dans la familiarité et de nous taquiner mutuellement.

J'ai grandi dans cet univers singulier où ceux de l'ethnie diola entraient chez nous sans avertir et balançaient des blagues parfois grivoises, affirmant que nous étions leurs esclaves ou des têtes folles. Et personne de la maisonnée ne s'en formalisait.

Ce type d'humour a longtemps contribué à apaiser les tensions entre ethnies voisines de l'Afrique centrale ou occidentale, une région en apparence homogène mais qui se démarque par sa diversité culturelle, l'une des plus marquées de la planète. À lui seul, le Cameroun compte plus de 330 groupes linguistiques. Il y a une telle foison de dialectes dans cette sous-région que, par le passé, le tam-tam constituait la seule langue commune, selon Fatou Diome.

À Montréal, il est arrivé qu'un inconnu de race noire me lance des trucs incroyables, du genre : « Mais où les Québécois ont-ils donc la tête pour laisser des primitifs de ton espèce franchir leurs frontières ? Les Sérères n'entreront jamais dans la modernité, ils n'en ont que pour les vaches ! » Il s'est avéré que le type était un Toucouleur qui, à mon accent et à mon nom de famille, avait déduit que j'étais son cousin de plaisanterie. Je ne me suis pas privé pour le faire suer à mon tour. Puis nous avons échangé nos numéros de téléphone pour pouvoir, comme le veut la tradition, nous barber mutuellement si l'envie nous en reprenait. L'humour n'a pas son pareil pour lever les barrières et rapprocher les gens.

L'anecdote suivante illustre bien mes propos. Un jour, je me suis assis à la terrasse d'un bistrot. J'avais pour voisines de table une maman et sa petite fille, cette dernière semblant très intriguée par la couleur de ma peau. Spontanément, elle m'a demandé si on m'avait trempé dans le chocolat. La question a indisposé la mère qui a aussitôt réprimandé sa fille (« On ne dit pas ces choses-là, voyons ! »). Des larmes ont coulé instantanément des yeux du bout de chou.

« T'as raison, petite, on m'a trempé dans le chocolat. Et tu sais quoi ? Après, je me suis léché les paumes », que je lui ai dit en exhibant l'intérieur de mes mains. La petite s'est mise à sourire, la mère a suivi.

Il suffit parfois d'aller vers l'Autre pour désamorcer les tensions et lever les barrières. Pour ce faire, l'humour est d'un grand secours. Mon grand-père disait : « Peu importe la couleur, la race, la religion, le sexe ou le compte en banque, le cœur de l'homme est un pays étranger. Il faut prendre le temps d'en parcourir un morceau pour découvrir toute une splendeur. »

Ce jour-là, lorsque j'ai quitté la terrasse, j'avais deux amies de plus à porter au compte de mon bonheur. Malheureusement, certaines personnes, inconscientes de ce pouvoir unificateur de l'humour, ont tendance à monter trop rapidement aux barricades.

Un jour où je regardais la télé avec des potes africains, Yvon Deschamps y est allé de son fameux monologue intitulé *Nigger black*. Sans vraiment porter attention au sens du texte, les autres ont saisi la balle au bond pour s'en prendre au racisme de ses propos. J'ai manifesté vivement mon désaccord : loin de fustiger les Noirs, l'humoriste tournait en dérision l'ignorance de certains de ses compatriotes. Comme Deschamps, je crois qu'il vaut mieux rire de nos différences afin de les aplanir plutôt que les taire et les mettre au placard, d'où elles resurgiront tôt ou tard.

Entre autres fonctions sociales, l'humour dédramatise le quotidien. Quand, par exemple, j'évoque sur scène mes difficultés d'adaptation, je transforme mes défaites en victoires, mes faiblesses en forces. Et quand je tape sur les puissants et sur les bien nantis, je transmets au public la capacité de relativiser les frustrations qu'il éprouve, les contrariétés qui l'assaillent. Et je souhaite qu'à la fin du spectacle on se dise qu'au fond, mieux vaut ne pas prendre la vie trop au sérieux. Peau noire, blanche ou rouge, beaux ou laids, grands ou petits, toutes ces catégorisations importent peu. Romain Gary a écrit que « l'humour est une affirmation de la dignité, une déclaration de la supériorité de l'homme face à ce qui lui arrive ».

Malheureusement, avec la rectitude politique qui prévaut actuellement au sein du discours public, nombre de sujets brûlants d'actualité, bien que pointés du doigt, sont mis à l'index. Évidemment, je suis contre le fait de rire du malheur d'autrui. À ce chapitre, je fais mienne la position de l'humoriste français Pierre Dac qui, lorsqu'on lui a demandé si tout était matière à rire, a répondu : « Oui, mais pas avec tout le monde ! » À quoi bon s'acharner sur quelqu'un qui est déjà K.-O. ? Par contre, je préconise l'autodérision ; se payer la gueule des gros et des gras n'a rien de répréhensible si l'on souffre soi-même d'embonpoint. En se moquant de son propre état, individuel ou collectif, on reprend la gouverne de sa vie. Au sortir de la salle, nous voilà allégés comme après une séance de thérapie qui a bien tourné. Et oui, la situation des communautés noire, juive, arabe ou italienne peut être traitée à la blague, à condition de le faire dans une perspective humaniste et intégrative. Ici, je donne raison à Eugène Ionesco, pour qui « là où il n'y a pas d'humour, il n'y a pas d'humanité ».

Mon ami Jean-Louis, un natif d'Haïti qui exerçait la médecine en Haute-Gaspésie, m'a relaté ce qui suit :

– Un jour, un infirmier noir vient se plaindre de son chef de service qui a employé l'expression, raciste à ses yeux, « travailler comme un nègre ». À la blague, je lui signale que je bosse moi-même comme un nègre, mais que je m'en fous vu que je suis payé comme un Blanc. J'ajoute que la formule qui le fait tiquer est le fait de gens nuls en matière de négritude. Autrement, comment expliquer le fait qu'on soit « paresseux comme un nègre » quand on se traîne les pieds, et qu'on « travaille comme un nègre » quand on se défonce à la tâche ? En finale, je balance à l'infirmier que l'expression le blesse parce qu'il est mal dans sa peau.

Même si je suis d'accord avec Jean-Louis, il faut reconnaître quand même que la couleur noire a très souvent une connotation négative dans notre parlure. Au Québec, mis à part le bouleau jaune, blanc et l'épinette noire, on parle aussi de « travail au noir ». Et quoi de plus légitime pour un Africain que de prétendre qu'il travaille au noir ? Personnellement, je préfère l'expression « travailler sous la table ». En revanche, j'avise tous les nouveaux arrivants que s'ils décident de travailler sous la table, ils risquent fort de mettre les pieds dans les plats du chien. Mais vrai, ceux qui besognent sous la table ne cherchent qu'à mettre de quoi dessus.

Faites attention toutefois : même si vous demeurez cachés sous le tapis, le gouvernement trouvera bien une façon de vous taxer. De vous taxer de voleurs, s'entend.

Pourquoi serais-je choqué qu'on me traite de négro, puisque j'ai manifestement le nez gros ? En cela comme ailleurs, je vous devance d'une longueur, vous, les Blancs, dont le nez prend de l'ampleur en vieillissant et dont les cheveux désertent le crâne pour mieux coloniser vos oreilles, qui s'écartent et s'élargissent en même temps que vos fesses et votre ventre s'épaississent. Tant qu'à être laid, vaut mieux commencer tôt. On est moins surpris et on s'habitue plus graduellement à subir les outrages du temps.

Juste une observation, en passant : les hommes naissent bleus et les femmes, roses. Au Québec, toutefois, si on met ensemble plein de bleus et de roses, on dit que c'est noir de monde. Et s'ils sont bleus en venant au monde, les hommes peuvent virer au rose à l'âge adulte, avant de retrouver vitement leur couleur de naissance grâce au Viagra. Plus ça change, donc, et plus c'est pareil. Vous vous demandez sans doute où je m'en vais avec cet aparté sur les couleurs ? Je l'ignore moi-même. Ce dont je suis sûr, c'est qu'en combinant les couleurs, on en découvre bien souvent des aspects inattendus.

À l'instar du doc Jean-Louis, les excès de rectitude politique me foutent l'urticaire, moi qui déteste me gratter. Il y a 40 ans, la société québécoise était à l'image du pâté chinois : le blanc en haut, le jaune au milieu et le brun en bas. Pour refondre ces couleurs et promouvoir l'égalité des chances, nous avons choisi comme dessert national un mélange aussi hétérogène que le pudding chômeur. Et de nos jours, l'ouverture du Québec au monde a conduit à l'instauration du Mois des Noirs. Initiative louable, sauf qu'il s'agit du mois de février, le mois le plus court, le plus *frette* et le plus blanc de l'année.

J'ai lancé cette boutade sur scène avec mon ami Patrick Tremblay. Le public a bien rigolé, et il rira sans doute de cette blague tant que je resterai à ses côtés. Mais si Patrick osait la lancer seul, il s'attirerait à coup sûr une volée de bois vert. Étrange pays, où l'on peut s'en prendre à la religion chrétienne et aux élus, souligner les excès tant du machisme que du féminisme ou ridiculiser les groupes marginalisés, mais où l'on craint comme la peste d'être accusé de racisme. Résultat : certains sujets d'actualité sont relégués aux oubliettes.

Il suffit d'associer les jeunes Noirs aux gangs de rue ou d'aborder la question du port du hidjab ou du kirpan à l'école pour qu'on se crêpe le chignon et qu'on crie à l'intolérance et à la xénophobie. Et la simple évocation des réalités juive, noire ou musulmane provoque une levée de boucliers. La rectitude politique tue dans l'œuf toute velléité de débat social.

Je me rappelle aussi le tollé provoqué par l'affiche du film *Le Nèg'*. Sans même avoir assisté à sa projection, voilà que des Noirs de Montréal déchiraient leur chemise sur la place publique. Pourtant, l'œuvre de Robert Morin était tout sauf raciste. Je suivais cette saga depuis Rimouski sans saisir pourquoi une simple statue en plâtre déchaînait tant de passions.

L'événement a eu sur moi l'effet contraire, aiguisant ma curiosité pour ces nains de jardin. Je désirais en contempler un vrai, avec une canne à pêche entre les jambes. Mon souhait n'a pas tardé à se réaliser : les Pelletier, propriétaires du café La Brûlerie que je fréquentais régulièrement, en ont installé un, bien en vue, sur le comptoir de leur commerce. Les membres de cette famille se le refilaient de l'un à l'autre, ai-je appris, façon *running gag*. Ce même soir, j'ai regagné mon logis, le petit nègre sous le bras et une idée en tête : lui « organiser le portrait ». Les clients se sont tapé sur les cuisses lorsque je l'ai rapporté « revampé », tout blond et exhibant fièrement ses taches de rousseur…

Un spectacle dans la région de Coaticook m'a permis d'acquérir mon propre nègre de plâtre d'un artisan qui les fabriquait en série. J'en ai fait mon « nain d'appartement ». Malheureusement, il n'avait pas la bosse du ménage ; j'avais beau le lui reprocher, mon coloc restait… de marbre.

Un jour, j'ai reçu la visite d'un photographe qui bossait sur un reportage de la presse écrite traitant d'immigration régionale. Je lui ai suggéré d'emblée de nous prendre en photo, moi et mon nain d'appartement. Lorsqu'elle a aperçu le cliché montrant Boucar en toute intimité avec son nain de plâtre, Ève, productrice déléguée à la chaîne nationale de télévision, m'a invité à l'émission *Des kiwis et des hommes*. J'y ai fait la connaissance du duo d'animateurs, Francis Reddy et Vincent Graton, lors d'une première entrevue télévisée qui s'est déroulée dans une atmosphère de franche camaraderie. À la fin, j'ai fait état de mes connaissances en matière de chimie des aliments, au cas où… Et je suis réapparu au petit écran pour dévoiler le secret de la Caramilk – vous savez, comment on met le caramel dans le chocolat. Ma contribution à cette émission s'est poursuivie un temps, puis on m'a convié à y participer à titre de chroniqueur, puis de coanimateur pour la saison estivale 2007.

Ces faits d'armes, je les dois à mon compatriote modèle réduit. Et si je vous dis que l'intégration des minorités visibles, même en plâtre, rapporte gros, me renverrez-vous d'où je viens ?

Parfois, des Afro-Québécois me félicitent pour mon travail, sur scène ou à la télé, parce qu'ils sont « fiers de moi ». Voilà ma récompense. Mon bonheur sera double le jour où ma trajectoire, comme celle d'autres bronzés, inspirera les jeunes néo-Québécois en difficulté et leur redonnera espoir. Nous sommes tous dépositaires de certains talents. Et nous ne les exploitons à leur pleine mesure qu'en les partageant avec la collectivité.

Avec les jeunes, j'aborde le thème de l'immigration en leur conseillant de garder la tête haute en toutes circonstances. « Ne te lasse pas de crier ta joie de vivre ; bientôt tu n'entendras plus d'autres cris », dit-on en Afrique. Il y a trop de combats importants à mener pour s'en prendre à des nains en plâtre armés de perches. Les pauvres ! Dire qu'ils doivent « fixer une truite comme appât à leur ligne pour *pogner* des vers de pelouse », si j'en crois mon pote Richard Tremblay.

D'ailleurs, les avis divergent quant à l'origine des nègres pêcheurs. La version la plus accablante crédite les tenants de l'esclavagisme d'avoir, les premiers, confectionné ces statues destinées aux propriétés patriciennes des États confédérés. Nettement plus sympa, la seconde version veut que les abolitionnistes les aient détournées de leur usage originel. En les dotant d'une canne à pêche qu'ils orientaient dans une direction donnée, ils indiquaient aux esclaves en cavale où trouver secours et réconfort.

Sans trancher quant à la valeur historique de l'une ou l'autre de ces interprétations, j'opte pour la seconde, mon p'tit nègre à moi m'ayant porté chance. Il a d'ailleurs pris du galon et officie désormais à mes côtés en tant que « nain de scène ». Je le surnomme Normand et les spectateurs le trouvent hilarant.

Pourquoi ne pas appeler un chat un chat? Pourquoi ne pas se parler dans le blanc des yeux et se dire nos quatre vérités? Après, nous pourrions passer à autre chose de plus constructif. Pourquoi ne pas se mettre à l'école des enfants, dont j'envie la spontanéité et la capacité d'émerveillement? Là où les parents adoptent l'attitude et le langage de la rectitude politique, les gamins, eux, s'expriment avec candeur et disent haut et fort ce qui leur passe par la tête.

D'où viens-tu, négro de pelouse?

Le premier nègre qui a servi à décorer les plates-bandes de l'Amérique du Nord était un jockey coiffé d'une casquette et tenant une lanterne au bout de ses bras. L'histoire raconte que la première statuette du genre a été commandée par George Washington pour honorer la mémoire d'un jeune palefrenier noir du nom de Jocque Grace.

Le 26 décembre 1776, alors que la Guerre d'indépendance des États-Unis battait son plein, le général George Washington traversa la rivière Delaware pour mener une attaque surprise contre une garnison de mercenaires britanniques basés à Trenton, au New Jersey. Avant sa légendaire traversée, le chef de l'armée continentale (Washington) avait ordonné au jeune Grace de surveiller les chevaux de l'autre côté de la rivière. Il devait garder une lanterne allumée afin de faciliter le retour des soldats après le combat.

À son retour de l'écrasante victoire de Trenton, le général découvrit que Grace était mort gelé, en tenant encore sa lanterne. Touché par la fidélité du jeune homme, le général demanda qu'on lui fabrique une réplique de son protégé, qu'il surnomma «The Faithfull Groomsman». La légende des jockeys noirs de pelouse était née.

Cette légende se poursuivra pendant la première moitié du XIXe siècle avec l'utilisation des statuettes comme moyen de communication entre eux des esclaves qui tentaient de se réfugier au Canada en empruntant des corridors clandestins.

À cette époque, la présence d'une lanterne ou d'un drapeau américain sur le bras tendu d'un jockey de pelouse indiquait aux fugitifs qu'ils se trouvaient en lieu sûr. En revanche, l'absence de tels ornements signifiait qu'ils devaient redoubler de prudence. Parfois, des rubans étaient attachés à la lanterne. Le ruban de couleur verte indiquait aux fuyards qu'ils avaient affaire à des anti-esclavagistes; s'il était rouge, il n'augurait rien de bon.

Les petits nègres pêcheurs sont en filiation directe avec l'ancien jockey qui décorait les pelouses: le bout de leur canne signale aux esclaves en cavale le chemin de la liberté. Ils attendaient sans doute aussi l'abolition de l'esclavage pour changer de métier. De nos jours, leur canne à pêche veut peut-être nous rappeler cette sombre période de l'histoire, alors que leurs frères étaient vendus comme on écoule du poisson sur les marchés du Sud des États-Unis.

S'intégrer, c'est accepter de vivre avec des identités multiples

Originaire du Congo, Mamie Henriette s'est établie au Québec il y a six ans. Elle m'a fait part de sa vision, pleine de sagesse, de l'intégration. Je souhaite la partager avec vous.

– Quand je suis arrivée ici, en plus d'être une femme noire, veuve, réfugiée de la guerre, j'avais soixante ans. Malgré tous ces écueils, j'avais en tête de faire ma place dans mon pays d'adoption. Ayant dépassé l'âge de chercher un boulot, j'ai eu l'idée de fonder un organisme valorisant les personnes âgées issues de l'immigration qui, comme moi, vivaient dans la solitude. Aujourd'hui, en plus d'offrir un service de gardiennage, notre association est devenue un lieu de rencontre et de partage. Il suffit d'appeler Mamies Immigrantes pour trouver une gardienne d'expérience.

Mamie Henriette poursuit :

– S'intégrer, c'est donner avant de recevoir et oser un petit déracinement pour réussir sa nouvelle vie. Immigrer, c'est aussi accepter de tourner le dos au passé. Plus notre départ du pays natal se situe loin dans le temps, plus il faut regarder droit devant. C'est un peu comme ce qui se passe lorsqu'on est au volant d'une voiture. Il est important de jeter des coups d'œil dans le rétroviseur, mais il ne faut pas perdre de vue ce qui se produit devant, au risque de buter contre le premier obstacle qui se dressera sur notre route.

Et de conclure :

– Immigrer, c'est avoir des identités multiples et porter en soi une certaine forme de schizophrénie.

Une telle vision des choses devrait être enseignée dans tous les centres de formation des nouveaux arrivants. En tout cas, l'ambivalence identitaire décrite par Mamie Henriette est aussi la mienne. Je me définis comme un baobab recomposé : un arbre dont les racines sont africaines, dont le tronc est sénégalais et le feuillage, québécois. Par ailleurs, le qualificatif d'Afro-Québécois contient un trait d'union. J'aime croire que je fais moi-même office de trait d'union entre mon pays natal et mon pays d'adoption. L'Afrique et le Québec se côtoient, se croisent et se séparent en moi selon les situations.

J'ai recours à ma moitié québécoise pour régler un problème d'ordre professionnel. Par contre, mes racines africaines resurgissent dès qu'il s'agit de relations humaines. Ainsi, notre identité peut être constituée de diverses strates, qui refont surface au moment opportun. Deux exemples vous permettront d'évaluer l'importance de ces strates identitaires.

À l'époque où les États-Unis planifiaient le renversement de Saddam Hussein, ils croyaient jouir du soutien de la majorité chiite qui subissait les persécutions du dictateur, dont le pouvoir reposait sur la minorité sunnite. Les fils de l'Oncle Sam ignoraient, ou feignaient d'ignorer, qu'au-delà de leur rivalité confessionnelle, Chiites et Sunnites se réclamaient de l'islam et partageaient un même territoire, l'Irak, fondements d'une identité et d'une histoire communes. Et les forces d'occupation de l'Irak doivent maintenant affronter et les Sunnites, restés fidèles à Saddam, et les Chiites qu'elles avaient pourtant libérés du joug de ce dernier.

On a affaire ici à un cas patent de niveaux superposés d'identité auxquels individus et groupes ont accès, passant de l'un à l'autre aussi facilement qu'on prend l'ascenseur. Les observations de Percy, mon gérant et ami, illustrent bien ce phénomène :

– À Matane, au temps de ma jeunesse, m'a-t-il raconté, mon frère et moi jouions au hockey dans la ruelle contre nos voisins. Chaque partie était une lutte à mort. Ça ne veut pas dire que ceux de l'autre famille étaient durablement nos ennemis. La preuve, c'est que nous étions du même bord quand l'équipe de l'école Victor-Côté se battait contre celle de l'autre côté de la rivière. Mais on ne haïssait pas pour autant les gars de la paroisse voisine : si les joueurs de Matane perdaient une joute contre Sainte-Anne-des-Monts, les *flos* d'ici décriaient d'une seule voix ceux de la ville voisine. Pourtant, on ne pouvait trop leur en vouloir, vu que, au cours des duels entre le Canadien et les Maple Leafs, les francophones faisaient bloc contre les *blokes*. Mais les Ontariens devenaient presque nos *chums* dès que le Canada affrontait les États-Unis. Et je te dis pas, quand une équipe d'Amérique du Nord recevait les All Stars soviétiques, le continent au complet se liguait pour donner une raclée aux troupes de l'URSS.

À ce compte-là, il faudrait donc que des extraterrestres se mettent à envahir la Terre pour que la solidarité entre les peuples cesse d'être un songe creux et que se développe une identité humaine. Mais en attendant, il faut trouver des façons harmonieuses de cohabiter avec les autres dans une saine interculturalité.

Dans les faits, je me sens souvent écartelé entre mes deux appartenances. Quand je suis au Québec, je m'ennuie gros du Sénégal. Et si je cède à la nostalgie et que je retourne là-bas, le Bas-Saint-Laurent vient à me manquer. Prenant note de ce tiraillement, mon frère Ndane n'a pas hésité à me comparer à « une banane noircie au frigo » : j'ai la peau noire mais, à l'intérieur, je suis un Blanc québécois. Le plus troublant, c'est que les trucs qui me rendent nostalgique de l'Afrique me tapent sur les nerfs dès que je me retrouve avec les miens et me font comprendre du même coup que j'ai bien fait de partir.

Lors d'un récent séjour dans ma famille, je me suis allongé dans un coin de la maison, le décalage horaire ayant eu raison de mes forces. Je m'abandonnais à peine à un sommeil réparateur que les tambours ont résonné à proximité. Je me suis rué à l'extérieur pour pester contre les musiciens dans mon dialecte sérère ponctué de jurons québécois. Interrompant leurs activités, les voisins ont posé sur moi un regard étrange. Un malaise s'est installé et j'ai réintégré ma chambre en silence.

Le soir venu, Ndane, qui avait vécu en Europe, m'a tiré à l'écart.

– Boucar, voilà un bel exemple d'incompréhension réciproque, simplement parce que les gens d'ici conservent leurs habitudes et que ton mode de vie change. Tu ne te souviens pas qu'au village on a toujours joué du djembé et dansé sans se soucier des caprices de chacun. Alors, si tes besoins personnels priment sur les manifestations de joie collective, c'est qu'une partie de toi échappe à notre culture. Les agissements des villageois ne sont pas étranges : c'est toi qui leur es maintenant étranger.

Cette remarque m'a troublé à tel point que, pour la durée de mes vacances, je me suis senti dépaysé, comme en exil. De retour au Québec, en discutant entre amis, je me suis rendu compte que mon état d'inconfort n'avait rien d'exceptionnel. Des natifs d'ici ayant habité à l'étranger m'ont confié avoir éprouvé un malaise similaire. Cette découverte a été à la source d'un questionnement de nature identitaire.

Après un séjour de longue durée en sol québécois, puis-je me considérer encore comme totalement africain ? Au plus profond de moi, je le suis encore. Mais je ne vis plus mon africanité de la même façon. Mon identité s'est remodelée au contact des hommes et des femmes d'ici que j'ai appréciés, côtoyés ou étreints, et de qui j'ai appris ou à qui j'ai enseigné. Je me définis souvent en tant que « Québécois pure laine ethnique de souche » ou encore en tant que « ceinture fléchée sixième dan pure laine vierge de mouton noir ». Lancées à la blague, ces affirmations ont néanmoins un fond de vérité.

Dans son bouquin *Les identités meurtrières*, Amin Maalouf cite cette phrase du philosophe Marc Bloch : « Les hommes sont plus les fils de leur temps que de leurs pères. » Je ne peux qu'abonder en ce sens, car mon identité actuelle ne repose que partiellement sur mes traits négroïdes, mon origine africaine et mon appartenance sénégalaise.

Mes grands-parents écarquilleraient les yeux devant le Boucar nouveau qui a rédigé une brique sur l'adaptabilité au froid de l'éperlan ; qui a vécu 16 années au bord du Saint-Laurent, dont 8 à titre de prof d'université ; qui affectionne la bière fraîche des microbrasseries locales ; qui partage sa vie avec une chouette blanche native de la Gaspésie qu'il appelle son harfang des neiges, et qui lui a donné un petit chocolat au lait qui s'appelle Anthony.

La culture française d'Amérique et celle de mes aïeuls cohabitent en moi, non sans frictions et flammèches. Mes vieux reconnaîtraient certains de mes traits identitaires, mais pas les dernières influences qui ont façonné le Boucar afro-québécois. En bons Sérères, ils admettraient à grand-peine que j'anime une émission culinaire à la télévision ou que je me donne en spectacle de ville en ville, bref, que je mène une existence de griot sans appartenir à cette caste.

Malgré mon long séjour parmi « les gens d'en bas du fleuve », je me sens aussi sérère que lors de mon prime atterrissage à l'aéroport bas-laurentien. En revanche, j'ai ingéré une grande quantité de bouillon de culture québécoise qui a modifié mon africanité. Qu'un griot chante en s'accompagnant de la kora, que j'entende des poèmes de Gilles

Vigneault ou les turlutes de la Bolduc, l'émotion me gagne pareillement. Et cela est gage de stabilité et d'équilibre. Règle générale, les arbres les plus robustes de la forêt tropicale possèdent plusieurs systèmes racinaires. Certains se dotent de racines contreforts ou même aériennes qui augmentent leur vigueur et leur durabilité. « Les arbres ayant davantage de branches que de racines sont à la merci du vent », disait mon grand-père.

Sur scène, je suis tantôt le Boucar rimouskois, tantôt son *alter ego* sérère. Le plus souvent, je me présente comme un audacieux mélange de l'Afrique et du Québec, incarnant ainsi fièrement mon identité reconstituée. Dans cet humour hybride, on ne tombe pas dans les pommes mais dans les bananes, on pète au chaud, on défrise le ridicule et on est habillé comme la hyène à Mamadou. « Assimiler sans être assimilé », recommandait papa Senghor. Et les biologistes reconnaissent depuis un bail que le métissage engendre des êtres hybrides souvent plus résistants que leurs géniteurs de race « pure ». Cette notion a influé sur ma pratique artistique, de sorte que je propose des récits inspirés de la tradition africaine avec la parlure d'*icitte*, et que je combine monologues et contes, proverbes sérieux et chansons légères.

Le fait d'être Québécois m'a permis de revisiter la culture sérère et de l'apprécier à sa juste mesure. En parallèle, ma grille de lecture sénégalaise me sert à proposer à mon public une autre image de ce qu'il est. Dans *L'Équation du nénuphar*, Albert Jacquard écrit ce qui suit : « La génétique m'a aidé à comprendre que de regarder l'autre comme un obstacle qu'il faudrait vaincre ou éliminer ne peut aboutir qu'à une destruction de moi-même ; elle m'a engagé sur le chemin de la réflexion me montrant l'autre comme une source dont je peux profiter pour devenir moi-même. »

Autant que *D'hiver cité*, mon spectacle pourrait s'intituler *L'Africassée*. Je me sers de l'humour pour que le spectateur se fasse une image claire et colorée de notre diversité culturelle, davantage source de richesses que de conflits. Lorsqu'on se presse au guichet pour entendre mes blagues, je suis conscient de ma chance, mais aussi de ma responsabilité : celle de contribuer à la cohésion sociale et à une meilleure compréhension de l'Autre.

Sur scène, je ne suis qu'un saltimbanque afro-québécois dont la prestation semble plaire au public. L'image que je projette diffère assurément de celle que les médias occidentaux accolent aux Noirs. J'ai gagné le cœur de certains, sans doute parce qu'ils se retrouvent dans mon discours. La Grande Noirceur qui a précédé la Révolution tranquille reste gravée dans la mémoire collective des Québécois, qui tendent à associer la situation actuelle de l'Afrique à cette période peu glorieuse. Ils s'identifient plus volontiers à des personnages d'un type inédit, porteurs d'une vision positive quant aux capacités humaines de leur nation. Et si je peux contribuer à l'élimination de certains préjugés ou attitudes passéistes, j'aurai atteint mon but.

S'installer en région facilite l'intégration

J'ai parfois l'impression que les Montréalais perçoivent les régions comme un vaste territoire sauvage dont les habitants tirent sur de paisibles bêtes pour assurer leur survie. En revanche, les gens de la périphérie croient que Montréal constitue une jungle inextricable où des créatures inhumaines s'attaquent à d'innocents citoyens pour subsister. Cette représentation mutuelle est en partie attribuable à l'importance démesurée qu'occupe la métropole en comparaison du reste du Québec.

Dans le même ordre d'idées, plusieurs prétendent que les régions n'ont pas à se préoccuper de questions relatives à l'immigration, qui appartiennent à la réalité montréalaise. À mon avis, la raison pour laquelle les régions périphériques se sentent si concernées, c'est parce qu'elles savent parfaitement que quiconque détient le pouvoir à Montréal l'exerce aussi sur le reste du Québec. Rien de plus normal, donc, à ce que les gens des régions prennent place au premier rang pour dénoncer ce qui les dérange.

D'ailleurs, les difficultés d'intégration seraient moindres si l'on décentralisait l'économie de la province, principalement basée à Montréal, contribuant ainsi à régionaliser l'immigration. Pourquoi faut-il laisser 75 % des immigrants qui arrivent au Québec s'installer à Montréal ? S'il y avait du boulot à Val-d'Or, les immigrants n'hésiteraient pas à s'y installer. Vu l'absence d'un ghetto noir, arabe ou grec en Abitibi, ils développeraient un sentiment d'appartenance par des échanges directs avec les gens de la place. Par ailleurs, on peut difficilement taxer les Abitibiens de racistes. Ils sont même les champions en matière d'accommodements, puisque le premier Noir à avoir mis le pied à Amos a, en un temps record, obtenu les clés de la mairie. Pas étonnant que le sieur Ulrik Chérubin se considère maintenant comme un indigène et ne jure plus que par sa région d'accueil. Et si, d'aventure, une femme désireuse de garder sa burka s'installait en Abitibi, elle pourrait sans doute faire accepter son accoutrement en le présentant comme un filet de protection contre les mouches noires.

La grande majorité des immigrants qui ont tenté leur chance en région s'y sont enracinés. Dans le Bas-du-Fleuve, j'ai croisé plein d'Africains, de Latino-Américains et d'Arabes ayant soif de découverte. De plus, le fait de s'installer en périphérie de la métropole risque de faciliter l'intégration de ceux qui sont plus réservés. À ce sujet, lorsqu'on s'étonne que j'aie pu survivre dans une ville réputée « homogène », j'y vais de la tirade suivante :

– Rimouski est située sur les rives de l'estuaire du Saint-Laurent, là où les eaux saumâtres de l'estuaire moyen se joignent à celles, plus salées, du golfe. Or, tout scientifique de la mer sait que la richesse et la productivité des milieux estuariens ressortent grâce à ce mélange. Et puis, si la baleine du Sud choisit de passer l'été dans ce secteur, pourquoi n'y trouverais-je pas le bonheur ? Non seulement j'aime cet endroit mais, en tant qu'océanographe et artiste, je m'efforce de promouvoir ce type de métissage, sur scène et dans mon quotidien.

Je sais pertinemment que si j'avais atterri à Montréal comme la majorité des Sénégalais, je ne me serais pas autant laissé gagner par la culture québécoise. Je connais d'ailleurs une recette infaillible pour mitonner de bons immigrants sans risquer de se tromper.

Chaque année, le gouvernement fédéral organise des séances d'examen d'accès à la citoyenneté canadienne. On entasse dans une salle les immigrants désireux d'obtenir la nationalité canadienne, avant de les interroger sur une variété de sujets : histoire et politique, couleur des bâtiments de la colline parlementaire, contribution des Chinois à la construction du chemin de fer transcanadien, etc. Une fois l'épreuve subie, le contenu du test est oublié en un temps record.

Fort de mon expérience, je soumettrais plutôt les immigrants à un examen portant sur les singularités de leur province d'accueil. Ainsi, en sol québécois se tiendrait une soirée de graduation, genre «cérémonie de remise des ceintures fléchées». Elle aurait lieu au plus fort de l'hiver, alors qu'on se les gèle. Les instructeurs évalueraient de cette façon le degré d'intégration des nouveaux arrivants.

Imaginons un fonctionnaire provincial s'adressant à une foule d'immigrants de tout acabit:

– Bienvenus à cette cinquième cérémonie de remise des ceintures fléchées. Je m'appelle François Tremblay et c'est à moi et à mon équipe qu'incombe la tâche ingrate de vérifier l'étendue et la nature de vos connaissances.

«Nous vous soumettrons d'abord à un test pratique portant sur des tas d'activités: ski de fond, randonnée en raquettes, entretien d'une souffleuse à neige, installation d'un plancher flottant, pêche blanche et conduite sur glace bleue balayée par la poudrerie entre Saint-Fabien et Le Bic, au volant d'une Sunfire munie de pneus quatre-saisons.

«Ceux qui compléteront avec succès cette série d'épreuves passeront à un autre type d'examen portant sur l'histoire du Québec, sa géographie et sa culture. On vous proposera de jouer de la cuiller, de *caller* un rigodon et de cuisiner un pâté chinois. Dans ce dernier cas, vous conserverez les ingrédients de base – steak haché, blé d'Inde en crème et patates en purée – mais y ajouterez des épices de votre pays.

« Aux candidats qui réussiront le dernier volet de l'examen, on remettra une ceinture fléchée du premier, deuxième ou troisième dan, selon le nombre total de points amassés au cours des épreuves. Puis, les finalistes devront répondre à la question : « Jurez-vous d'être fidèle au Québec, d'obéir à ses lois et de suivre ses coutumes ? » en posant la main droite sur une caisse de 24 – en remplacement de la Bible, de rigueur dans le ROC (*Rest of Canada*). Ceux qui affirmeront leur foi en répétant "Je le jure en hostie" seront naturalisés sur-le-champ et pourront s'établir dans le centre urbain de leur choix.

« Les malheureux qui obtiendront un pointage final décevant recevront, comme prix de consolation, une paire de raquettes ou un chien de traîneau. Ils devront accepter de s'installer, pour une durée minimale de deux ans, dans la zone rurale qui leur sera assignée par voie de tirage au sort.

« Bonne chance à tous les candidats, et n'oubliez pas votre nouvelle devise : *Québécois un jour, Québécois toujours !* »

Croyez-moi, cette méthode couperait court à toute velléité d'accommodement raisonnable et autres conneries engendrées par une intégration défaillante.

LE COMMENSALISME OU LA NEUTRALITÉ : LE CAS DU ROTSAC TACHETÉ

Revenons à nos rongeurs et intéressons-nous à une autre forme d'interaction dans le barrage. Imaginons que le rotsac tacheté emménage dans la digue, mais sans nouer de liens avec le castor. L'intrus se fait discret, évitant de causer du tort à son hôte. Les deux cohabitent à distance sans faire aucun cas l'un de l'autre.

Dans ce cas de figure, le migrant devient commensal du castor. Ce terme décrit un lien associatif entre deux espèces, lien dont une seule des deux tirera profit sans pour autant porter préjudice à l'autre. En d'autres mots, le commensal du castor évite de lui nuire, un peu comme ces Chinois discrets qui s'installent dans une ville et vaquent silencieusement à leurs occupations.

Mais si le nouveau venu a des agissements dommageables à l'égard du premier occupant, nous nous retrouvons alors en présence d'une relation interspécifique dite de parasitisme. L'espèce accueillant le parasite doit donc lutter pour sa survie : elle mobilisera ses forces pour l'empêcher de saper ses systèmes de défense. Le parasite n'a aucun intérêt à éliminer son hôte, mais il peut l'affaiblir de façon significative. Par exemple, des décennies durant, la malaria causait davantage de décès que les autres maladies mortelles, jusqu'à ce que l'Organisation mondiale de la santé homologue des molécules luttant efficacement contre le plasmodium, responsable du paludisme. Mais, par la suite, on a identifié des souches résistant à ces molécules. Ainsi, entre parasite et hôte s'engage parfois un long combat où une espèce s'efforce de prendre le dessus sur l'autre et de lui imposer sa supériorité.

COMPÉTITION ET PARASITISME : LE CAS DU ROTSAC ROUX

Le rotsac roux investit le barrage du castor et s'engage avec lui dans un rapport de forces de type parasitaire. Il prend ses aises dans le logis, y installe parents et amis, n'hésitant pas à modifier le barrage en fonction de ses propres besoins. En sus, il ne rate pas une occasion de clamer qu'il est indispensable et de faire valoir ses droits de propriété. Il critique la monogamie de son hôte, qu'il perçoit comme une faiblesse. Il tourne même en ridicule la façon qu'a le castor de manifester sa peur en frappant l'eau avec sa queue – dans le pays d'origine du rotsac roux, la queue ayant une autre fonction…

Même si l'affrontement ne lui est pas utile, le castor doit montrer les crocs pour faire respecter les règles qui prévalaient avant l'arrivée du rotsac roux. Si ce dernier s'obstine, l'autre le considérera comme un prédateur, au même titre que le lynx, la loutre, le vison ou le hibou qui s'en prennent à ses petits.

On qualifiera ce qui suit de loufoque, de caricatural ou d'erroné mais, à mon avis, certains immigrants affichent des comportements s'apparentant à une forme de « parasitisme » – ce terme englobe aussi l'attitude dont certains de leurs compatriotes « pure laine » font preuve à l'étranger. Je fais allusion aux individus qui s'approprient la digue construite par le castor et en modifient la structure afin de satisfaire leurs propres besoins, démantelant progressivement quelques sections ou substituant certains matériaux à ceux privilégiés par l'architecte et occupant des lieux. Ce dernier devra alors consacrer plus de temps et d'énergie à restaurer son ouvrage qu'à l'améliorer, plus de temps à surveiller l'intrus qu'à élever sa propre progéniture.

J'illustrerai cette affirmation par une anecdote. Dernièrement, après avoir bouffé dans un resto offrant des plats d'une autre culture, je me présente à la caisse pour régler l'addition. À ma surprise, le proprio n'accepte qu'un paiement en espèces sonnantes. Alors que j'insiste pour payer avec une carte de débit, le restaurateur tente de calmer le jeu :

– Tu me paies en liquide et je fais quelque chose de bien pour toi : je soustrais les taxes.

– Et en quoi cela ferait-il mon affaire ?

– Mais, mon ami, tu auras plus de pognon dans les poches !

– Ouais, mais si les gens font tous comme toi, ce pays restera-t-il assez attrayant pour qu'on veuille s'y installer ?

Pour se justifier, le type me sert alors cet argument éculé selon lequel plusieurs commerçants « locaux » font de même. Ce à quoi je réplique :

– Il y en a plein qui se suicident en se jetant du pont Jacques-Cartier. Songes-tu pour autant à les imiter, dis-moi ? Tu ne rends service à personne, ni à toi ni à moi, en fraudant le fisc. Moi, je me suis installé au Québec parce que le système de santé fonctionne, les écoles sont correctes, les routes sont carrossables et la qualité de vie est enviable.

« Tu ne veux pas voir que ces acquis sont financés et maintenus par des gens en règle avec le fisc. Alors, si ceux qui profitent des avantages sociaux, comme toi et tes amis, refusent de contribuer au financement du système, ce pays ressemblera bientôt à celui que j'ai quitté. Je devrais donc te considérer comme mon ennemi ! »

À ces profiteurs s'ajoutent ceux qui tentent de contourner la loi pour satisfaire des besoins égoïstes. On en entend peu parler, mais la polygamie se fraye progressivement un chemin au Canada. Pourtant, depuis 1892, cette pratique est passible de cinq ans d'emprisonnement, même si elle est encore le fait des mormons fondamentalistes de la Church of Jesus Christ. Leur chef spirituel, Warren Jeffs, disposerait même d'un harem personnel d'une cinquantaine d'« élues ». Un passe-droit qui incite des ressortissants étrangers, provenant surtout d'Afrique et du Moyen-Orient, à sortir de l'ombre et à pratiquer leur polygamie au grand jour. D'ailleurs, le 16 janvier 2006, un rapport soumis au Secrétariat à la condition féminine du Canada recommandait de décriminaliser la polygamie, moins pour régler le cas des mormons que pour normaliser cette pratique illicite et secrète.

Selon les auteurs de ce rapport, la décriminalisation de la polygamie permettrait aux femmes qui en sont victimes de sortir de l'anonymat sans qu'on porte des accusations à leur endroit. Par la même occasion, on résoudrait les problèmes de succession et de reconnaissance des enfants. Quelques mois après sa publication, un reportage diffusé à l'émission *Le point* traitait de cette question. À l'écran, un immigrant africain prenait la défense de la polygamie, alléguant que, dans les pays tropicaux, la chaleur augmentait incontestablement la libido des hommes. J'en ai été si outré que j'ai fermé le téléviseur : « Ce sont les paroles les plus invraisemblables et stupides que j'ai entendues de toute ma vie ! » Ma blonde a commenté ironiquement: « Peut-être es-tu resté trop longtemps à Rimouski, Boucar. Pour te mettre en phase avec les tiens, tu devrais retourner au Sénégal pour réactiver ta machine à testostérone... »

Le ghetto, premier obstacle majeur à l'intégration

Un garçon issu d'un quartier très multiethnique de la Vieille Capitale m'a raconté ceci:

– Dans mon école, j'ai très peu de camarades d'ascendance québécoise. Les parents de la plupart sont des réfugiés africains ou de l'Europe de l'Est. Au début, il y avait de « vrais » Québécois. Mais, à mesure que le nombre d'enfants de réfugiés augmentait, ils se sont déplacés vers d'autres écoles. Notre enseignante a expliqué qu'ils étaient partis parce que nous, qui venons d'ailleurs, avions vécu des expériences traumatisantes et que nous formions des groupes « difficiles ». Les élèves parlent tous une autre langue que le français. Il n'y a aucun groupe majoritaire et rares sont nos contacts avec de jeunes Blancs francophones.

De tels ghettos existent aussi ailleurs. Situation fort regrettable: ces écoles ne proposent aucun projet d'inclusion aux jeunes issus de l'immigration involontaire. On ne peut reprocher aux parents désireux d'obtenir la meilleure éducation possible de changer leurs rejetons d'école. En revanche, laissera-t-on les autorités gouvernementales créer ainsi des poches de résistance au fait français d'Amérique ?

Les parents des écoliers ont sans doute choisi un autre établissement pour que ces derniers se retrouvent parmi leurs semblables. En ce sens, la tendance à la ghettoïsation serait universelle, les êtres humains se rassemblant par affinités ou pour trouver une certaine sécurité. Je m'étonne d'ailleurs de la facilité déconcertante avec laquelle nous, Québécois, réglons le cas des nouveaux arrivants : « Ils n'ont qu'à s'intégrer, c'est pas sorcier. » Pourtant, l'intégration n'est pas affaire aisée. Pensez aux difficultés qu'éprouverait, par exemple, un petit roux d'Hérouxville parachuté inopinément chez les Pygmées d'Afrique centrale. Aurait-il l'énergie et la volonté de s'approprier leur culture ?

Un de mes voisins, Gérard, prenait plaisir à décrier toute velléité d'« accommodement raisonnable ». Selon lui, les « importés » devaient adopter le mode vie d'ici, un point c'est tout. Pourtant, je l'imaginais sans peine en *snowbird* me racontant son séjour aux États-Unis.

– Cet hiver, j'ai descendu en Floride. Y avait *full* Québécois. On se serait crus en plein Shawinigan. Ce monde-là, *yes sir*, que ça s'organise ! Y *callent* même des *artisses* du Grand Montréal. J'ai vu un *show* de musique traditionnelle, ça *swingait* fort, avec après, la danse en ligne et tati tata. Après ça, j'ai pris l'autobus jusqu'à Las Vegas voir notre Céline.

Quand elle arrive avec son *big bang* sur scène, là t'es fier d'être pas né pour un p'tit pain. Pis le Cirque du Soleil, lui ! À les voir, tu *crés* pas tes yeux que des p'tits gars de chez nous sont capables de si grosses *patentes*, qui rapportent plein de *cash* en *plusse*. Parle-*moé* de t'ça, du monde comme nous autres qui déménagent aux États mais qui restent comme avant ! *Moé*, les vedettes qui oublient d'où y viennent pis qui prennent l'accent français, *chus* juste pas capable !

Évidemment, une telle tendance à la ghettoïsation n'est pas le propre de la seule nation québécoise. Celui ou celle en provenance de Pékin se dirigera tout naturellement vers le quartier chinois. Ce repli communautaire encourage la création de poches de résistance à l'intégration. Cependant, le fait de débarquer dans une ville de taille réduite favorise les contacts avec la population locale, nous y oblige même. Au fil des ans, un sentiment d'appartenance se développe, qui nous fait oublier parfois le pays d'où l'on vient. Aujourd'hui, quand je quitte Montréal en direction du Bas-Saint-Laurent, je ne dis pas : « Je vais à Rimouski », mais bien : « Je rentre chez moi. » Dans la même foulée, je refuse le piège de tout communautarisme axé sur l'origine, la religion ou la race, à mon avis sans fondement.

En 2006, un chauffeur de taxi haïtien avait requis mon avis sur ces « avocats noirs qui s'offrent à défendre le doc Mailloux et divisent ainsi la communauté ». Ma réponse n'avait pas tardé :

– Quoi, les Noirs de Montréal forment une communauté unie ? Tenez-vous des réunions secrètes pour discuter de nos difficultés ou quoi ? Et pourquoi me considérer comme ton frère, si tu me vois pour la première fois ? Je ne suis pas un adepte de la fraternité raciale : j'habite en région et mes amis de là-bas comptent davantage pour moi qu'un Haïtien ou qu'un compatriote dont je n'ai jamais vu le visage ! Dans mon échelle des valeurs, des cœurs voisins valent mieux que des cases voisines.

Comme l'écrit Gaston Kelman : « Au moment où la notion de race devient obsolète, quel mérite le Noir aurait-il à perpétuer les antagonismes dominos ? »

Le communautarisme est en partie responsable de la fragmentation existant entre Québécois de souche et immigrants. Une situation qui, à mon avis, fait surtout l'affaire des médias. Quand il faut tâter le pouls d'une communauté, la télévision invite souvent l'un de ses membres les plus dogmatiques qui, sans avoir été désigné par elle, prétend parler au nom de la majorité.

Combien de fois l'ancien imam de la mosquée de Montréal, Saïd Jaziri, s'est-il affiché en tant que porte-parole de l'ensemble des musulmans du Québec ? Pourtant, plusieurs de mes connaissances se réclamant de l'islam tiennent des propos plus éclairés et moins sectaires. Ceux-ci respectent leur foi religieuse mais défendent aussi leur québécité. Ils ne réclament pas d'espace de prière dans des universités ni que soit autorisé le port du voile dans les écoles ou durant les compétitions sportives.

L'imam Jaziri prônait la pureté et la droiture, mais le fait demeure qu'il a menti aux autorités canadiennes pour obtenir son visa d'immigration. Et j'étais ahuri de constater qu'il se dise ostracisé et victime d'une grave injustice, mais mette tout en œuvre pour rester au pays lorsqu'on a voulu l'extrader. Il me semble que la perspective de retourner en Tunisie, loin de notre peuple de mécréants, aurait dû le combler de joie. En dépit de la sympathie que j'éprouve à l'égard de sa femme et de son bébé, son expulsion ne peut que servir la communauté musulmane d'ici.

Au Québec, on compte des milliers de types modérés, sauf qu'ils sont boudés par une certaine presse carburant au sensationnalisme. Il est urgent de donner la parole aux immigrants dont le discours « accommodant » apaise davantage les tensions qu'il ne les exacerbe. Comme mon grand-père disait : « Pour mettre fin à la querelle, choisis une aiguille qui coud plutôt qu'un couteau qui tranche. »

On vante à qui mieux mieux les mérites du multiculturalisme du Grand Montréal, tandis que le caractère interculturel de la métropole laisse songeur. Si le courant ne passe pas entre les diverses communautés d'une entité citadine, on ne peut prétendre à la mixité culturelle. Le ghetto protège les communautés fragiles des assauts du monde extérieur. En contrepartie, en s'y cantonnant, on vit en terre d'accueil comme l'on vivait à Haïti, en Algérie ou au Viêtnam.

Dans un essai intitulé *Le racisme expliqué à ma fille*, Tahar Ben Jelloun précise ceci : « Ghetto est le nom d'une petite île en face de Venise, en Italie. En 1516, les juifs de Venise furent envoyés dans cette île, séparés des autres communautés. Même si le ghetto donne un sentiment de sécurité, il reste quand même que c'est une forme de prison. »

Effectivement, le ghetto constitue une entité géographique et culturelle isolée de l'Autre. N'ayant nulle conscience des événements survenant hors de ses murs, on se condamne à une sorte de réclusion volontaire.

Le ghetto n'est pas l'apanage des immigrants venus du Sud. Suffit de fréquenter le milieu des coopérants en Afrique pour s'en convaincre. D'ailleurs, je m'explique mal l'existence de ce type singulier de ghettos, leurs occupants étant censés aider leur pays d'accueil. Il est donc plutôt révoltant d'assister à la formation d'îlots de Blancs privilégiés au sein d'une population noire démunie.

Dans le cadre d'un séjour au Malawi, j'ai apostrophé un coopérant qui œuvrait à la direction des statistiques de Zomba, capitale administrative de cette petite contrée d'Afrique orientale. En raison de ma relation avec une expatriée, je prenais part régulièrement à certaines activités: célébration d'une fête chrétienne, anniversaire de naissance à l'américaine, fête nationale d'un pays européen ou autre. Un Finlandais du nom de Max se montrait très volubile à propos de ses employés locaux, « sales, paresseux et tous des voleurs », à son avis.

– Tu te crois vraiment indispensable, n'est-ce pas, Max?

– Bien sûr, personne ici n'est capable de faire mon boulot.

– Et ces femmes qui croulent sous le poids des fagots de bois qu'elles transportent jusqu'au pied des montagnes, elles connaissent l'importance de tes statistiques, tu crois?

– Elles devraient!

– Mais les hommes et les femmes du Malawi se foutent carrément de ton existence. Tu es venu dans ce pays parce que tu y es « plus grand que nature ». Dans ta Finlande natale, tu passes sûrement pour un être très ordinaire. En Afrique, par contre, tu te pavanes en voiture au milieu d'indigènes qui marchent pieds nus. Tu habites une grande maison entourée d'employés, dont un jardinier, un gardien de nuit et un boy qui fait manger tes chiens. Et tu as le front de les accuser de dérober les croquettes réservées à ton chien pour s'en sustenter ! Leur salaire de misère suffit à peine à nourrir leur famille. Si tu te plais vraiment au Malawi, pourquoi ces jérémiades et ces sarcasmes à l'endroit de ses habitants ?

Des immigrants qui affichent la même attitude que ce Max, on en dénombre trop. Ils ignorent tout de leur terre d'accueil et s'autorisent néanmoins à porter un jugement sévère sur les façons de faire qui diffèrent des leurs. Par exemple, ils sévissent contre les agissements « amoraux » des Occidentales parce qu'elles choisissent avec qui elles couchent. À leurs yeux, les mâles d'ici sont des mous parce qu'ils vivent à l'heure de l'égalité des sexes, et ils parlent de l'homosexualité comme d'un mal occidental qu'il faut enrayer.

Un jour, j'ai pris à partie un migrant de mon entourage qui excellait dans ce type de comparaisons et de critiques sommaires.

– Saïd, si le Maroc est pure merveille et surclasse le Québec en tous points, que viens-tu chercher ici ? Pourquoi quitter ton nid vertueux et t'installer dans cette contrée de mécréants ?

Le racisme de l'Autre : un refuge trop facile pour ceux qui refusent de s'intégrer

Gaston Kelman a dit : « Si les scientifiques nous ont prouvé que cette notion de race est morte, son enterrement va durer encore des siècles. » Alors, à tous ceux qui rêvent d'un pays exclusivement blanc, je conseille la patience : au mois de janvier, et même avant, ils seront servis jusqu'à n'en plus pouvoir.

En 2002, peu avant Noël, j'ai croisé Sébastien, un collègue de l'université, dans un café. Il m'a invité à partager sa table et, vibrant de toute sa fibre paternelle, il m'a présenté à son fils de trois ans. Anticipant la réaction dévastatrice que ma peau d'ébène provoque parfois chez les gamins, je me suis planté devant le garçon en affichant mon plus large sourire, façon Louis Armstrong.

Chez les petits qui n'ont jamais été mis en présence d'un échantillon probant de la minorité visible, les réactions sont imprévisibles. La bouille d'Armstrong constitue le test ultime : ou ils craquent, ou je me casse. Dans le cas présent, fiston a manifestement opté pour le second choix. Combinant cris d'horreur et effusions de larmes, il a alarmé la clientèle du café, bondé pour l'occasion. J'ai battu en retraite, le temps que Sébastien le rappelle à l'ordre… ou le ramène à la maison.

Le lendemain, mon collègue déridait tout le département avec le récit de ma mésaventure, la commentant ainsi : « Mon fils m'a fait comprendre que, dans un endroit public, il vaut mieux rencontrer un ennemi blanc qu'un ami noir. »

Cette remarque m'a vexé sur le coup, puis j'ai pensé au dicton de mon grand-père : « Si quelqu'un te mord, c'est qu'il oublie que tu as aussi des dents. Il est bien de le lui rappeler. » Vrai, j'étais tenté de montrer les crocs, de déterrer la hache de guerre, de partir en campagne punitive ou que sais-je encore. Mais le cœur n'y était pas. Le temps des fêtes débutait, mon grand-père et tous les miens étaient bien loin et, tout à coup, je suis devenu triste comme un sapin de Noël éteint. Les coups de fouet cicatrisent rapidement, mais les traces d'une injure s'impriment dans la chair à jamais.

Les propos de Sébastien trahissaient-ils un certain préjugé racial ? Je ne crois pas. Mais il est de ceux qui ignorent qu'une langue qui fourche blesse davantage qu'un pied qui trébuche. D'aucuns auraient sauté sur l'occasion et crié au racisme. Et vu qu'au Québec on craint comme la peste de se faire traiter de raciste, les abus de cet ordre sont nombreux.

À l'Université du Québec à Rimouski (UQAR), je me suis lié d'amitié dans l'un de mes cours avec une étudiante arabe qui portait le charmant nom de Bargouti. Un jour, je l'ai accompagnée pour faire soigner son chat. Histoire d'ouvrir son dossier, la secrétaire de la clinique s'est enquise de son nom. Et mon amie de répondre simplement : « Bargouti ».

– Je veux pas savoir celui du chat mais le tien. Comment toi, tu t'appelles ?

Vexée, elle a répondu d'un ton cassant :

– Bargouti, que je vous dis. Ce n'est pas le prénom du chat, c'est mon nom de famille.

Il n'en fallait pas plus pour qu'à la sortie de la clinique la jeune femme se déclare « encore » victime de racisme.

– T'as le racisme facile, lui ai-je dit pour calmer le jeu. Ici, le nom de Bargouti est quand même une rareté, non ? Les gens n'y sont pas habitués, rien de plus. J'ai étudié avec un Malgache dont le nom était long à n'en plus finir. À chaque début de session, dès qu'un nouveau prof consultait la liste des inscrits, il butait inévitablement sur ce nom en laissant échapper un « Oh, *boy* ! » sonore. Le gars de Madagascar lui lançait sans tarder : « Présent, m'sieur ! » Et même moi, ton ami, si je ne t'avais pas connue, je n'aurais pu imaginer qu'on puisse s'appeler ainsi. Bargouti, ça fait plutôt rongeur ou plat exotique, mais ça convient mal à une personne, qu'on aime bien surtout. Mes oreilles tiqueraient moins si j'entendais : « T'as faim ? J'ai un fond de bargouti dans le frigo. » Ou encore : « Maudite *marde*, les bargoutis ont encore creusé un trou sous la galerie ! »

Comme plusieurs, l'amie Bargouti confondait prudence et préjugé, méconnaissance de l'Autre et xénophobie.

À l'hiver 2007, je lis, à la une du *Journal de Montréal*, les résultats d'un sondage selon lequel 56 % des Québécois se disent racistes à divers degrés. À la blague, je lance à ma blonde :

– Tu savais, toi, que 56 % de mes potes souhaitent mon départ de Rimouski ?

Prenant rapidement connaissance de l'article, Caroline commente à sa façon coutumière :

– Pour tes potes, je sais. En ce qui me concerne, disons que j'ai 56 % moins de chances d'être cocufiée si tu restes dans les limites du territoire national.

Invité à l'émission radiophonique de Christiane Charette pour débattre du sujet, j'ai tiré mon épingle du jeu de la façon suivante :

– Depuis mon arrivée en 1991, j'évalue à 0,001 % le nombre de fois où j'ai pu me déclarer victime de racisme. Il s'agit de mon cas à moi, mais c'est le seul sondage auquel je peux me fier entièrement. Je n'affirme pas que le racisme soit inexistant au Québec. Le racisme n'a pas de frontières. C'est le vice le mieux partagé au monde : chaque race, nation ou groupe ethnique se l'impute l'un à l'autre. À ce propos, l'humoriste Pierre Desproges a déclaré « qu'il adhérerait à S.O.S. Racisme le jour où l'on mettra un "s" à racisme ».

L'un des rares cas flagrants de racisme dont j'ai été victime s'est produit en région il y a quelques années. Je venais tout juste d'entrer dans un bar lorsqu'un gars, assis dans un coin avec des amis, m'a balancé :

– *Moé*, j'les haïs, les nèg'. Assez pour en tirer un.

– Quel *fun* t'aurais à me descendre ? On se connaît même pas.

– Juste le *fun* de débarquer un nèg'!

Sans en ajouter davantage, je me suis installé en retrait en attendant mon copain Abdoulaye. Le même gars s'est levé et est venu vers moi avec ses tatouages et ses gros sabots.

– Si j'étais *toé*, j'irais m'asseoir ailleurs.

– Malheureusement, t'es pas moi. Et je reste où je suis, mec.

Un de ses *chums* a saisi sa bouteille de bière et l'a lancée dans ma direction. J'ai à peine eu le temps de me baisser que la bouteille se fracassait contre la colonne tout près. Sur le coup, deux *doormen* sont intervenus et ont joué des bras pour expulser les trouble-fêtes. Abdoulaye, qui s'était pointé sur ces entrefaites, a reçu un solide coup de poing au visage qui l'a mis K.-O. Pendant que je m'occupais de mon copain, l'un de nos sauveteurs m'a suggéré de rester à l'intérieur.

– Vous mettez les pieds dehors, et vous en mangez une *crisse*!

Il n'a eu aucune difficulté à me convaincre, les deux baveux étant des sympathisants locaux d'un club de motards criminalisés.

L'ami Abdoulaye et moi avons donc patienté jusqu'à trois heures du matin. Les employés du bar nous ont fait sortir en catimini et mis dans un taxi qui nous a conduits à bon port.

Rendu chez moi, je me suis effondré et j'ai pleuré toutes les larmes de mon corps. Et j'ai souhaité quitter définitivement le Québec pour rentrer au Sénégal. Je me suis alors remémoré ce jour où mon cousin Allioune a dû zigouiller sa première poule en présence des villageois, rassemblés pour l'occasion. Une bonne demi-heure durant, le pauvre courait, essoufflé et se démenant comme un forcené, derrière le volatile qui semblait insaisissable. Et une demi-heure durant, le village a baigné dans la joie la plus pure, accompagnant d'une salve de rires chaque épisode de cette cocasse poursuite où l'un des leurs s'initiait à la vie.

Quand j'ai le mal du pays ou le cœur en compote, je me tourne vers ce souvenir, ce « petit bonheur que j'avais ramassé » et qui me revient dès que j'appelle à l'aide.

Je me suis également rappelé les mots d'un auteur anonyme : « Apprends à écrire tes blessures dans le sable et à graver tes joies dans la pierre. »

Reprenant peu à peu contenance, j'ai passé en revue les rencontres récentes qui m'avaient marqué. À ces gens dont j'ignorais l'existence jusqu'à ce qu'ils se dressent sur mon chemin au moment où j'en avais grandement besoin.

Entre autres, je me suis souvenu de Patricia, qui m'a sauvé d'une mort certaine. Nous étions en 1992 et, à l'époque, je n'étais pas encore rompu aux caprices du climat nordique.

Un matin de tempête hivernale, j'avais pris le chemin de l'université située à deux kilomètres de chez moi, sans m'habiller adéquatement. Le froid était d'une telle intensité qu'au bout de dix minutes, je peinais à avancer. Je m'obstinais à aller de l'avant en accélérant la cadence pour me réchauffer, mais peine perdue. Déjà, je *pétais au frette*, quand j'ai croisé un étudiant qui m'a signifié que l'université était fermée en raison de la vague de froid et des chutes de neige abondantes. J'ai eu la mauvaise idée de rebrousser chemin, ce qui n'a fait qu'aggraver mon état. Pour gagner du temps, j'ai décidé de prendre un raccourci à travers la cour peu fréquentée d'un couvent, en priant le ciel de trouver un véhicule dont le conducteur me prendrait à bord. Lorsque je suis parvenu au terrain des Sœurs du Saint-Rosaire, je titubais et je claquais des dents. J'allais m'effondrer dans un banc de neige quand une dame m'a fait signe depuis le cinquième étage du couvent. J'ai cheminé du mieux que je pouvais vers la porte d'entrée, qui s'est ouverte presque miraculeusement.

Sœur Patricia m'a enveloppé dans une couverture et installé dans un fauteuil, avant de me servir café et galettes. Sa prévenance a eu tôt fait de me réchauffer le cœur, et le reste. Et, quand les signes précurseurs de l'hypothermie ont disparu, la religieuse a appelé un taxi qui m'a ramené à la maison. Depuis ce jour, le souvenir de ma mésaventure et, surtout, de son dénouement suffit à me réconcilier avec le genre humain.

Outre Patricia la bienveillante, j'ai pensé aussi à mon ami André-Phillip qui, sans même me connaître, m'a offert son toit et son amitié. Je débarquais tout juste à Gaspé (« le bout du monde », en langue micmaque) où mon copain Aziz m'avait dégoté un stage d'un an au sein du ministère de l'Agriculture, des Pêcheries et de l'Alimentation. Je logeais dans une chambre minuscule de l'une des résidences étudiantes du cégep de la Gaspésie et des Îles-de-la-Madeleine, un lieu très bruyant et où il était interdit de cuisiner. Le mince pécule dont je disposais me contraignait à me nourrir essentiellement de morceaux de poulet frit Dixie-Lee.

Un soir où je noyais ma solitude dans la bière, un homme s'est approché et s'est enquis de ma provenance. Je lui ai débité quelques chapitres de mon histoire récente. Après s'être présenté comme une connaissance d'Aziz, il m'a proposé sans hésiter d'habiter chez lui. Le lendemain, je déménageais mes pénates dans la maison d'André, mon bienfaiteur, où j'ai résidé jusqu'à la fin de mon stage.

J'allais et venais en toute liberté, me liais d'amitié avec ses amis et, au bout de quelque temps, je connaissais la petite ville portuaire aussi bien que mon village natal. Les mois passés en compagnie d'André et des siens comptent parmi les plus sereins de mon existence. Grâce à lui, j'ai découvert le paysage et les habitants de la Gaspésie, auxquels je demeure profondément attaché. J'y retourne d'ailleurs volontiers avec ma blonde qui, comme tous les siens, a vu le jour dans cette région magnifique.

Oui, donc, certains individus cultivent la haine raciale, ici comme ailleurs. Ils n'existent fort heureusement qu'en nombre restreint, auquel fait largement contrepoids celui des personnes sensibles et généreuses qui font preuve d'humanité. Il suffit d'y croire et elles feront acte de présence.

Le tristement célèbre doc Mailloux est du nombre de ces individus au discours discriminatoire et désobligeant. Lorsque, sans hésitation aucune, il a publiquement remis en question le degré d'intelligence des Noirs et des Amérindiens, j'ai sursauté comme plusieurs. Son attitude m'a rappelé celle du prof Ologie, héros malgré lui de l'histoire ci-dessous qui, je le souhaite, parviendra aux oreilles du doc Mailloux pour se nicher au plus profond de sa mémoire.

Le premier scientifique blanc à s'aventurer dans notre petite communauté avait reçu le surnom de prof Ologie – vous saurez bientôt pourquoi. Docteur en ornithologie, il s'appelait en réalité Piter Mailloux Oratam Ré Khamkham. Ce qui signifie, en langue sérère : « Si la barbe était signe de sagesse, le bouc serait roi de la planète. »

Dès qu'il a posé le pied dans notre village, le prof Ologie a engagé un jeune indigène du nom de Fela pour lui servir de guide. Un matin, il lui a ordonné de se préparer à une expédition en brousse. Fela a bientôt pris la route, une pirogue sur la tête et une chanson dans la bouche, suivi du scientifique.

Rendus à la rivière, le guide a mis la pirogue à l'eau et invité le Blanc à y monter. Avant de donner un premier coup de rame, il s'est tourné vers son passager :

– Professeur, que ferez-vous des oiseaux que vous prendrez en photo ?

– Les classer par familles et espèces et leur donner des noms pour qu'on les reconnaisse partout sur la planète.

– Mais ces oiseaux, les Sérères les connaissent par leur nom, leur chant et même leurs crottes.

Contrarié, le prof Ologie a alors tenté de lui clouer le bec :

– Mon garçon, le ciel est bleu et la mer est calme. Alors, ferme ta *yeule* pis rame !

Fela s'est donc mis à ramer, entonnant un chant traditionnel, *Tagou m'bar*, qu'il a fait suivre de quelques classiques bas-canadiens. Il était heureux, en quel cas un Africain ne peut s'empêcher de chanter, et pas à peu près. Une pratique qui n'a pas manqué de taper sur les nerfs de l'autre.

– Pauvre indigène, si tu étudiais la science plutôt que de composer des chansons à la con, tu n'en serais pas là. La microbiologie, tu connais ? Non ? Alors, tu ignores ce qu'est un microbe ? Toi, l'indigène, ton ignorance réduira ton espérance de vie de 10 %. Et la biologie ou la physiologie, tu ne connais pas non plus ? Petit inculte, ton ignorance réduira ta longévité d'un autre 10 %.

Le Blanc s'est emporté et s'est démené tant et si bien que la pirogue a chaviré dans les eaux peuplées de crocodiles.

Avec l'aisance d'un poisson, Fela a nagé jusqu'à la rive, d'où il a lancé au Blanc qui buvait la grande tasse :

– Hé ! Professeur, tu connais la nagéologie ?

– Noooon !

– Pauvre incapable de Blanc, voilà que ton ignorance te coûte 100 % de ta longévité.

Selon mon grand-père, le prof Ologie avait passé outre deux articles du Grand Livre de la sagesse africaine. Primo, il y a un temps pour ramer et un temps pour chialer. On ne peut à la fois courir et se gratter les fesses. Secundo, en matière d'entendement, toute comparaison s'avère risquée. Ainsi, à la souris qui crie : « Je suis si futée que je creuse des trous sans pelle ! » le serpent rétorquera : « Et moi, si ingénieux que, même dépourvu de membres, je sais grimper aux arbres ! »

Si les Amérindiens que le doc Mailloux qualifie de « peu clairvoyants » n'avaient pas enseigné aux premiers colons français l'abc de la survie en forêt hivernale, lui-même ne serait pas là pour débiter ses conneries. J'hésite par ailleurs à le taxer de raciste. Mais force est de reconnaître que ce n'est pas ce savant homme qui « a mis les taches jaunes sur le cul des bourdons » ou « le "reculons" sur les homards », comme disent les Gaspésiens. À mon avis, le doc Mailloux appartient plutôt à la catégorie des je-m'en-foutistes. Or, comme le dit un proverbe africain, « *quiconque emprunte le chemin du je-m'en-fous aboutit tôt ou tard au village des si-j'avais-su* ».

Certains chroniqueurs ou animateurs – et, malheureusement, certains hommes politiques – gagneraient à savoir qu'on est maître de sa parole avant de la prononcer, mais qu'on en devient l'esclave dès qu'elle quitte notre bouche. Et que le privilège de jouir d'une large écoute a sa contrepartie : la responsabilité de faire place à la parole qui rassemble plutôt qu'à celle qui divise.

L'hérédité de l'intelligence

Connaissez-vous cet autre énergumène du nom de Cyril Burt ? Non ? Eh bien, ce Britannique, dont le nom figure régulièrement dans les bouquins d'Albert Jacquard, était considéré dans les années 1930 comme la figure maîtresse de la psychologie de l'enfance.

Dans L'Équation du nénuphar, Jacquard raconte que les travaux de ce chercheur imposaient un tel respect que la couronne britannique l'anoblit. Le quotient intellectuel (QI) de l'enfant constituait son principal cheval de bataille – le doc Mailloux a de qui tenir.

Sir Cyril a publié de nombreux articles portant sur 53 paires de jumeaux séparés avant l'âge de six mois, puis adoptés par des familles dont le statut social différait. Ses études visaient à démontrer que l'intelligence infantile était déterminée à 80 % par le bagage génétique. Ses articles comportaient tant d'équations mathématiques et de statistiques compliquées que les plus cartésiens de ses collègues louaient son génie. Ouvrages de référence sur l'hérédité des aptitudes intellectuelles, ses publications ont justifié, en Angleterre, la construction d'écoles destinées aux surdoués et la mise en place d'un système d'éducation « à chances inégales ». Et voilà qu'à sa mort en 1971, on a découvert que Burt avait inventé ces données de toutes pièces, y compris les 53 paires de jumeaux, et que les cosignataires de ses articles n'avaient jamais existé.

À la question de savoir quel phénomène le test de quotient intellectuel (QI) est-il apte à mesurer, Albert Jacquard avoue que la seule réponse valable reste la boutade prêtée à Alfred Binet, qui a mis au point le premier test du genre : « Ces tests mesurent l'intelligence, car j'appelle intelligence ce que mesure le test. » La tautologie peut paraître cynique, poursuit Jacquard, mais elle n'est ici que réaliste. À la limite, il vaudrait mieux annoncer que l'on mesure le QI sans chercher à mettre des mots derrière les lettres Q et I, qui ne réfèrent réellement ni à un quotient ni à l'intelligence. D'ailleurs, lorsque Binet a développé son test en 1906, il a précisé que le QI n'était pas une mesure de l'intelligence. Que l'objectif de son commanditaire, le ministère de l'Instruction publique française, était simplement de trouver un mode d'évaluation des chances de réussite scolaire des élèves.

On s'étonne que, 36 ans après la mort de Cyril Burt, la population croie encore largement que l'intelligence, la beauté ou la célébrité sont inscrits dans le bagage génétique des individus. Avec l'avènement d'Internet, le commerce d'ovules des stars de cinéma, de top-modèles ou de la blonde aux yeux bleus étudiant à Harvard a pris beaucoup d'ampleur. De nos jours, on peut à loisir acheter ovule et spermatozoïdes de diverses personnalités, féconder le premier in vitro et, finalement, le nicher dans un utérus de location. Cette industrie dernier cri organisera le portrait de votre rejeton en lui collant les oreilles de Taschereau sur une tête à Papineau mais, prudence ou l'on vous «passera un palmier», comme disait mon grand-père.

En 1980, le milliardaire américain Robert Graham lance sur le marché une banque de sperme de lauréats du prix Nobel. Mais, 25 ans après cette nouveauté, un chercheur américain retrace l'un des tout premiers enfants issus de cette banque: père adolescent, il avait décroché de l'école. Et si vous croyez toujours à l'hérédité de l'intelligence, sachez que Einstein, «le» génie du XXe siècle, avait un fils appelé Hans-Albert, qui a passé d'une clinique suisse à l'autre, souffrant de problèmes de santé mentale.

Le seul truc qui soit à l'origine de l'intelligence, c'est l'amour.

En effet, selon le professeur Boris Cyrulnik, neuropsychiatre à l'Université de Toulon, les carences affectives vécues durant l'enfance peuvent atrophier les lobes préfrontaux du cerveau, altérant ainsi, ou même supprimant, le socle neurologique qui permet en particulier l'anticipation. Ce déficit d'amour contribue également à l'affaiblissement du système limbique, siège neuronal de la mémoire et des émotions.

Cyrulnik affirme que par le toucher, la parole, les caresses et autres attentions, les parents enveloppent affectivement leurs petits et aiguisent leurs capacités cognitives. Et pour cause : la majorité des connections nerveuses déterminant les aptitudes intellectuelles se construisent pendant l'enfance, avant de se peaufiner ultérieurement au gré des rencontres, des apprentissages et des autres interactions avec l'environnement. L'amour des parents constitue donc un facteur d'intelligence irréfutable et scientifiquement prouvé.

À l'âge de l'appétence sexuelle, l'amour contribue aussi, selon le neuropsychiatre, à aiguiser la finesse de l'esprit. Être en amour nous force à tenter l'aventure et l'exploration d'un individu autre que nos parents et, par conséquent, à découvrir l'intelligence d'un autre monde. Sur le plan biologique, le fait d'être amoureux prolonge les phases de sommeil paradoxal de 30 %. Or, c'est pendant ce sommeil profond que les processus de mémoire sont le mieux incorporés. Aimer et être aimé augmentent significativement le socle de la mémoire et favorisent la consolidation des connaissances acquises. Quant à aimer une femme ou un homme d'un autre pays, d'une autre culture, d'une autre langue, cela nous invite inévitablement, toujours selon Cyrulnik, à l'exploration et à l'élargissement de nos connaissances.

Conclusion : si vous voulez des enfants intelligents, donnez-leur plein d'amour. En plus de racines durables, ils auront des ailes...

La discrimination au travail : autre obstacle à l'intégration

Au sujet de la discrimination positive, ma copine Aicha disait : « Le fait d'être femme, noire, handicapée, lesbienne et monoparentale augmente d'autant les possibilités d'emploi au sein de la fonction publique. »

Au Québec, la reconnaissance des diplômes acquis à l'étranger, surtout dans des contrées du tiers-monde, avance à pas de tortue en raison de la résistance que lui opposent certains ordres professionnels. Nombre d'immigrants instruits doivent ainsi se contenter de petits boulots peu rémunérateurs ou d'emplois se situant aux antipodes de leur formation.

Une histoire circule dans le milieu des « importés » : celle de Mamadou, immigrant, qui indique dans son *curriculum vitæ* avoir conduit des militaires de haut rang dans son pays d'origine. Un industriel d'ici qui cherche un chauffeur dévoué et discipliné engage donc Mamadou. Après avoir conduit pendant un an la limousine de son patron de façon impeccable, Mamadou lui signale qu'il détient un diplôme d'études collégiales en administration. Compréhensif, son patron lui confie la gestion du parc automobile de l'usine. Après une autre année de service, Mamadou profite d'une rencontre avec l'industriel pour lui avouer que, en réalité, il détient un bac en administration – il l'a caché au départ pour éviter de brusquer les choses. Appréciant son humilité, le patron lui propose de prendre la direction du service d'entretien automobile. L'année suivante, Mamadou étale sur la table son diplôme de maîtrise et devient le premier adjoint de l'industriel. Au bout de la quatrième année, il mentionne son doctorat, obtenu en France. Fronçant les sourcils, l'autre ouvre un tiroir et brandit, menaçant, un badge de chauffeur : « Alors, on a plus de diplômes que son *boss* ? » Et Mamadou de se rétracter : « Non, finalement, je n'ai pas de doctorat. C'était une blague, patron ! »

Pour la plupart, les immigrants provenant du tiers-monde veulent à tout prix se dégoter un job afin de satisfaire aux besoins essentiels de leurs proches restés au pays natal. À cette pression très réelle s'ajoutent la frustration qu'ils éprouvent face aux obstacles qui se dressent devant eux et, le cas échéant, la honte de ne pas avoir de boulot. Avec les images de confort et d'abondance que leur assènent les médias occidentaux, comment convaincre les leurs que la discrimination, le chômage et la pauvreté sont aussi le lot de l'Amérique ?

Un ami haïtien m'a raconté qu'il avait déjà suscité la colère d'un passant en déposant une pièce de un dollar dans la casquette d'un jeune Québécois qui mendiait. Ce passant en avait contre le geste de compassion de Marcel à l'égard d'un compatriote « en âge de travailler, mais trop *fouèreux* pour se grouiller le cul », encourageant ainsi sa paresse. Mon pote lui a répondu du tac au tac : « Monsieur, je préfère nettement entretenir ce gamin parce que s'il lui prend l'envie de se trouver un boulot, il y a des chances pour qu'on lui refile le mien. Et alors, je serai dans la rue à mon tour. »

Cette histoire, qui m'avait chatouillé les os malaires, illustre bien l'inquiétude de certains résultant de la discrimination qu'ils subissent sur le plan de l'emploi. Pourtant, le travail et la justice sociale restent des facteurs d'intégration majeurs. Mais, à compétences égales, peut-on reprocher à un patron d'atelier d'embaucher un de ses semblables plutôt qu'un individu de couleur ou dont les habitudes de vie diffèrent des siennes ? Difficilement. Le souci de s'entourer d'un personnel partageant la même culture que soi naît d'un besoin de sécurité, selon moi, universel. Mais il ne faudrait pas passer sous silence certains préjugés, sans fondement mais très réels, à l'endroit des travailleurs du Sud – « tous des machos qui mangent épicé, s'habillent coloré et passent plus de temps à danser qu'à travailler». Pour plusieurs employeurs, le Noir demeure ce monsieur pas très vaillant qu'on doit convoquer tôt le matin pour qu'il se pointe l'après-midi. Le taux de chômage des immigrants installés au Québec depuis moins de cinq ans est de 17,8 %. Ce qui est largement supérieur à l'ensemble des chômeurs québécois, dont le taux tourne autour de 6,3 %.

Cela dit, comparativement à d'autres contrées et malgré la persistance de certaines formes de discrimination, le Québec reste une société ouverte, bien disposée à donner une chance à l'Autre. Dans mon cercle de connaissances, plusieurs Africains ont traversé l'Atlantique au terme d'études supérieures en Europe. Ils occupent maintenant des postes de responsabilité dans les secteurs privé ou public. Il y a donc place pour ceux qui, outre une excellente formation, ont des capacités d'adaptation. Comme disait l'un de mes professeurs: «Si tu veux doubler tes chances de bosser dans ton domaine, sois celui qu'on cherche et non celui qui cherche. Pour les tripler, fais deux fois mieux que les autres dès que l'occasion se présente.»

Aux préjugés de nature ethnique ou raciale s'ajoutent ceux portant sur la qualité de la formation acquise à l'étranger et sur l'authenticité de certains diplômes paraissant douteux. Par exemple, détenir un doctorat d'une université de la Guinée n'inspire pas particulièrement confiance.

Aussi, plutôt que de se cogner le nez à des portes closes, certains n'hésitent pas à gonfler leur CV. On a ainsi retracé d'anciens directeurs du Programme spatial malien, des professeurs du Département de physique nucléaire de l'Université du Niger et autres ingénieurs en aéronautique formés au Tchad.

À ceux qui désespèrent de trouver un emploi à la hauteur de leurs compétences, je suggère de se fier aux sages paroles de Mamie Henriette : « Si tu te butes à une enseigne indiquant que la route est fermée, ne gare pas ta voiture en attendant que la voie se dégage. Trouve plutôt un chemin de contournement. La prochaine fois, la route sera libre. »

La barrière linguistique

Malheureusement, en raison de la barrière linguistique, trop d'immigrants tardent à voir cette première chance frapper à leur porte. Je pense à ce jeune Japonais qui m'avouait que, « pour les Nippons, la langue française n'était rien de moins que du chinois ». Après cinq années à Rimouski, il n'était même pas en mesure de commander un pâté chinois en français. Il avait suivi des cours, mais le français qu'on enseigne a souvent peu à voir avec le langage de la rue. Si bien que, au bout d'une année de francisation, l'immigrant a besoin d'un programme supplémentaire de québécisation pour être fonctionnel. Par exemple, si jamais mes essuie-glaces posent problème, j'ai tout intérêt à dire: « J'ai de la misère avec mes *wipers.* » Dans la rue, les néologismes se fabriquent à la tonne et chaque région a sa façon de les prononcer. Je vais tenter de résumer quelques éléments propres à notre parlure que l'immigrant en voie d'intégration gagnerait à ingérer.

Au Québec, si un truc est trop petit pour mériter un nom bien à lui, on le désigne en puisant dans un trésor de dénominations indéfinies comme: un bubu, une patente, une gogosse, un gugusse, une pinouche, un cossin, un grément, une garnotte, etc. Se réduisant le plus souvent à deux syllabes, ces mots s'emploient à toutes les sauces sans qu'on puisse vraiment les définir de façon exacte. Ainsi, au cours d'une prestation, j'ai demandé à un auditoire de 600 personnes de me préciser à quoi ressemblait une pinouche ou un cossin. Personne ne s'est risqué à lever la main.

Imaginez la perplexité et la confusion d'un immigrant qui, portant fièrement sous le bras son diplôme de francisation fraîchement acquis, se fait raconter par un copain: « Machin-chouette s'est acheté un grément, un genre de patente que t'as *jusse* à peser sur des pinouches pour qu'y bouge ses bebelles. Un vieux gugusse qui vaut pas d'la *chnoute* avec *full* gogosses, rien que bon à jeter avec les autres cossins pis la *bacaisse* dans l'fond d'la boîte à bois. »

Un tel emploi de termes passe-partout s'inscrit dans la même lignée que d'autres stratégies linguistiques que nous avons développées pour sauver du temps. Par exemple, on tend à condenser les phrases – vu qu'le temps, c'est des bidoux. La question: «As-tu reçu tes relevés d'emploi de retenues à la source?» deviendra ainsi: «T'as-tu eu *touttes* tes T4?» «Une friandise à base de sucre mélangé avec de la crème» fait plutôt longuet. Le raccourci «*suc'-à-crème*» se prend mieux. Autre exemple: le verbe «embarquer», qui signifie «entrer dans une barque». En France, on embarque dans une chaloupe, on monte dans un avion, on s'engage dans une relation ou on participe à une discussion. Mais les Québécois, eux, embarquent partout: bateau, avion, relation, discussion, c'est du pareil au même. En fait, on embarque indifféremment dans tout pour faire l'économie d'un vocabulaire varié. Ce qui explique qu'en voyage à l'étranger «on *pogne* une méchante débarque». Et il faut bien se résigner à ces faits de langage.

Autre particularité linguistique qui contribue à déstabiliser l'immigrant: notre incroyable capacité à inventer des verbes se terminant en «er». Si le Français moyen «dérape sur le gravier», nous autres, on «*shire su'a garnotte*». Comme tous les verbes nouvellement formés et issus de l'anglais, l'action de *shirer* est symptomatique de la langue d'ici, qui compte autant de *switcher*, *ouayeper (wiper)*, *zipper*, *cliner*, *scraper* – à distinguer de *scréper* – fort utiles en situation de panne langagière. L'emploi du verbe

« *crisser* » est aussi singulier, ou plutôt pluriel, car autant en Abitibi qu'en Estrie le sacre devient un incontournable pour qui souhaite communiquer. Les Mexicains ne nous surnomment pas « *los tabarnacos* » pour le simple plaisir, mais plutôt pour célébrer notre profond attachement à ces objets de culte dont on abuse à tout bout de champ pour économiser de précieuses secondes et rythmer nos échanges. Pendant que le même Français moyen s'étalera sur toute une minute pour signifier : « Les enfants, si vous ne montez pas immédiatement dans la voiture, papa et maman se fâcheront ! », le Québécois écourte la mise : « Les *flos*, dans l'*char*, *crisse* ! » On obtient un résultat identique, mais en un temps réduit.

Aux immigrants qui souhaitent s'approprier notre façon de parler, je suggère l'exercice suivant : écoutez d'abord *L'arbre est dans ses feuilles*, une chanson de Zachary Richard, puis remplacez certains mots par autant de *sacragènes* (qui génèrent des sacres). Vous obtiendrez ainsi, en succession rapide : « Le *crisse* est dans l'hostie, l'hostie est dans le *câlisse*, le *câlisse* est dans le *cibouère*, le *cibouère* est dans le *tabarnac* et le *tabarnac* est dans l'église. » Pour fermer la boucle, on ajoutera : « L'église est celle du *crisse*, maridon maridé... »

Et ces *sacragènes* génèrent autant de noms communs (« mon p'tit *crisse* »), de verbes (« *crisser* »), d'adjectifs (« *crissant* »), d'adverbes («*crissement*») et ainsi de suite. Une telle ingéniosité contribue sûrement à notre sentiment de fierté nationale. Où, au sein de la francophonie, peut-on dénicher des termes aux fonctions, aux usages et aux sens aussi multiples que nos sacres?

J'ai déjà surpris un échange entre deux types qui donnaient uniquement dans le «*crisse*». L'un racontait à l'autre: «Quand y m'en a *crissé* un, je m'en suis *contrecrissé*. Mais y m'en a *recrissé* un autre, *faque* là, j'ai dû *décrisser*.» Et le second de commenter: «*Crissant*, ça! T'as *crissement* ben faite de *décrisser*, tu parles d'un *câlisse* de petit *crisse, toé*!» Avec pareil vocabulaire minimaliste, les Schtroumpfs n'ont qu'à aller se rhabiller en rouge. J'ai deviné à l'accent des deux mecs qu'il s'agissait de pêcheurs madelinots se parlant en *crisstacé*.

Et comme les sacres ne sont pas enseignés à l'école, seule la fréquentation des indigènes permet aux nouveaux arrivants de les apprendre et de les choisir, mais surtout de les insérer au moment opportun et avec l'intonation qui convient. Le documentaire de Sylvain Roy intitulé *Sacrer, c'est sacré* – auquel, incidemment, j'ai contribué – constitue une véritable mine d'or pour l'étranger qui veut exprimer sa québécité.

Autre surprise avec notre parlure: son aspect multiculturel, qui fait le bonheur des arrivants fraîchement débarqués d'Afrique, du Moyen-Orient ou des îles du Pacifique. En effet, sa sonorité coïncide parfois avec celle de langues exotiques. Par exemple, si je dis à un Arabe qui n'a jamais vu de patinoire: « Ma *floune*, a lime sa lame », il y a de fortes chances pour qu'il me réponde: « Malékoum Salam ! » Ou encore, le Japonais à qui j'expliquerais que « Ti-Guy a quitté su' sa Kawasaki pour Matagami, Kenogami pis Chibougamau » risquerait fort de s'y retrouver. Un Zoulou que je fréquente s'est déjà fait enguirlander par un Québécois: « Heille, mon Ti-Coune, ôte tes yeux des foufounes de ma pitoune: a fait sa poupoune, mais est pas guidoune ! » Croyez-le ou non, convaincu que l'autre lui adressait la parole dans son dialecte, cet hypothétique ami a répondu du tac au tac: « C'est ta pitoune qui me minouche. Alors, tout doux avec Mamadou, sinon m'a te foutre ma gougoune su'é foufounes. » Comme quoi, la convergence linguistique existe itou.

Demander des accommodements pour moins s'intégrer

Un jour, fuyant la barbarie et les exactions de son souverain, un homme a trouvé dans la brousse un grand arbre fruitier. Exténué, il s'est confectionné un matelas de feuilles mortes pour y piquer un somme. À son réveil, il a découvert avec étonnement que l'arbre lui tendait des fruits charnus et les a dévorés goulûment. Puis, levant les yeux vers sa frondaison, il a remarqué que l'arbre au tronc majestueux était habité par une famille de lutins, les fameux Kouss des légendes sénégalaises.

Devant cette situation providentielle, l'homme a ramassé les branches mortes gisant sur le sol et s'est fabriqué une hutte sous le regard approbateur des Kouss. Durant une semaine, il a profité des fruits que lui tendait l'arbre. Puis, désireux d'accumuler des provisions, il a prié les lutins de lui fournir une longue branche, prétextant qu'elle servirait à solidifier la charpente de son abri de fortune, secoué par le vent. Ceux-ci ont acquiescé à sa demande, confiants que le fait d'extraire de l'arbre une simple branche ne compromettrait pas l'harmonie, plusieurs fois séculaire, les unissant aux grands feuillus.

Mais, le lendemain, l'homme s'est mis à frapper violemment de sa perche les branches inférieures de l'arbre. Le sol s'est couvert de quantité de fruits qu'il a mis à l'abri. Les Kouss ont alors pressé l'homme de mettre fin à son entreprise qui détruisait les feuilles et les bourgeons de leur ami et en faisait couler la sève comme le piment fait couler les larmes.

– Je ménagerai votre logis si vous m'aidez à accroître mes réserves de nourriture.

– Nous ne pouvons aller contre les lois de la nature qui régissent le cycle de maturation et la chute des fruits de l'arbre.

– Alors, rendez-moi un dernier service, leur a demandé l'homme. Donnez-moi une autre branche qui portera mon baluchon et je poursuivrai ma route.

Afin que l'étranger décampe au plus tôt, les Kouss ont satisfait à sa requête. L'autre a saisi aussitôt la branche, l'a émondée avec un couteau et y a inséré une lame pour se faire une hache. De son outil, il a frappé le tronc avec une telle frénésie que les lutins l'ont supplié de préserver l'arbre où ils étaient nés, eux et leurs ancêtres. Mais l'homme faisant la sourde oreille, les Kouss se sont vus forcés de quitter leur abri et, à contrecœur, de migrer en des contrées lointaines.

Une fois l'arbre abattu, l'homme l'a débité pour se construire une maison semblable à celle qu'il avait quittée. À la faveur de la nuit, il est ensuite retourné à son village et a pressé famille et amis de le suivre, ce qu'ils ont fait, trop heureux de fuir le tyran qui les opprimait. L'homme leur a alors ordonné d'arracher tous les végétaux croissant sur les terres qui étaient devenues son domaine et auxquelles il avait donné son nom. Puis, il a planté de nouvelles variétés d'arbres, surtout des épineux, de façon à dissuader les Kouss de revenir pour les habiter.

Conclusion : si les lutins avaient deviné les intentions secrètes de l'homme, ils n'auraient pas acquiescé à sa première requête. Cependant, la morale originelle de ce conte, que j'ai modifié pour les besoins de ce livre, est celle-ci : « Si l'arbre savait ce que lui réserve la hache, il ne lui fournirait pas le manche. »

Les exigences en matière d'accommodement mènent, à certains égards, à des situations comparables à la mésaventure des Kouss. Insignifiantes au départ, elles débouchent sur des revendications ou des actes remettant en cause les valeurs fondatrices des sociétés modernes. Pensons à l'assassinat du cinéaste hollandais Theo van Gogh, aux attentats dans le métro de Londres et aux demandes d'instauration de tribunaux islamiques en Ontario. Ces initiatives de nature religieuse servent à tester jusqu'où l'Occident est prêt à céder du terrain.

Dans le cas des fondamentalistes musulmans, ces pratiques sont souvent encouragées et financées, à partir des monarchies arabes, par des forces aux desseins douteux, davantage tentées par la politisation de l'islam que par l'application des versets du Coran. Ces gens prônent une religion close sur elle-même et osent parfois utiliser leurs propres enfants comme leurres. Je fais allusion ici à cette jeune fille qui voulait jouer au soccer avec son hidjab. Mais que vient faire un voile au sein d'un sport censé renforcer l'esprit d'équipe ? « Porter un voile au soccer, aurait dit mon grand-père, équivaut à amener un enfant albinos au marché et à s'attendre à ce qu'on le regarde de la même façon que les autres petits Noirs du village. »

Derrière les enfants qui expriment leur foi de manière ostentatoire se trouvent souvent des parents s'efforçant de créer des situations de victimisation et ainsi de susciter la sympathie des organismes de protection des droits des minorités. Ceux-là mêmes ostracisent les jeunes de leur communauté qui refusent d'adhérer à de telles combines, faussement qualifiées par ailleurs d'affirmation identitaire. Cette méthode a fait ses preuves en Europe et repose sur une stratégie bien rodée. Dans une communauté minée par le chômage et l'exclusion, des intégristes prêchent le retour aux valeurs ancestrales. Ils persuadent aisément de jeunes désœuvrés que leur salut se trouve dans l'islam et que leur affirmation identitaire passe par le rejet des valeurs occidentales. Ils encouragent les ados rongés par le mal de vivre à poser des bombes et à massacrer d'innocents citoyens du pays qui a accueilli les leurs.

À l'origine, certains accommodements favorisaient l'intégration des minorités. Mais, en regard des juifs hassidiques par exemple, les privilèges obtenus n'ont fait que renforcer leur repli identitaire. Comme d'autres immigrants, Canadiens ou Québécois de longue date, les hassidiques ont bénéficié de multiples occasions de vivre pleinement leur différence. Si les accommodements s'étaient révélés un mode d'intégration efficace, ceux-ci se seraient métissés avec la majorité francophone. Or, les voilà exigeant qu'on givre les fenêtres d'un centre YMCA montréalais pour leur éviter le spectacle de femmes en tenues de sport. Et que la Société de l'assurance automobile du Québec leur fournit, pour leur examen de conduite, un examinateur masculin.

Tout porte à croire que le multiculturalisme a incité ces fondamentalistes à tout crin à formuler des demandes d'accommodement qui, en retour, ont remis en cause cette forme de gestion de la diversité. La méfiance quant aux stratégies d'intégration est très marquée au Québec. En effet, depuis la publication du code de vie d'Hérouxville, le seul terme « accommodement » donne lieu à une poussée collective d'urticaire.

À dire vrai, il faudrait bannir tout signe d'appartenance religieuse dans les établissements publics, surtout si ces signes évoquent l'oppression vécue ailleurs par des populations sans défense ou certaines formes de discrimination subies par les femmes, les homosexuels, etc. Même si on affirme que le kirpan est inoffensif, son port en milieu scolaire n'est pas souhaitable.

Vu l'existence d'une multitude de pratiques religieuses, le fait d'accorder un privilège à un culte particulier obligerait à concéder l'équivalent à un autre. Par exemple, les tenants du rastafarisme inhalent le cannabis qu'ils considèrent comme une herbe de méditation, tandis que le tam-tam permet aux adeptes du vaudou d'entrer en contact avec leurs ancêtres. Si un jeune Sikh peut déambuler, sans ennui, dans une cour d'école avec son kirpan, pourquoi interdire au fils d'un rasta de fumer son joint en classe? ou à un gamin congolais de jouer du djembé dans le corridor? Je retiens cette phrase d'un monsieur dont le nom m'échappe: «Les lois sont comme les digues: une brèche en un seul endroit et les voilà inutiles.»

Alors que ce tristement célèbre code de vie adopté par le Conseil municipal d'Hérouxville défrayait la chronique, un journaliste et son caméraman se sont pointés chez moi pour obtenir mon avis sur le sujet. Naturellement, la première question a porté sur les accommodements raisonnables. Au lieu de donner dans la théorie ou d'adopter une approche convenue, j'ai procédé par une mise en situation:

– Toi, avant d'entrer dans mon logement, tu as sonné et je t'ai ouvert. Si je n'avais pas désiré ta présence, ma porte serait restée fermée. Puis, en entrant, tu as ôté tes bottes, avant même que je t'y invite. J'apprécie ta prévenance et ta civilité. Si tu avais marché sur mon plancher avec tes bottes pleines de gadoue, ma réaction aurait été tout autre. J'aurais pu vous foutre dehors, toi et ton copain. Et comme je supporte mal la fumée, j'aurais pu agir de même si l'un de vous s'était allumé une clope. Mais si nous prenons le temps de nous connaître, de nous apprécier l'un l'autre et que nous nous côtoyons en respectant nos différences, je te permettrai peut-être, après un certain temps, de fumer dans mon logement. Je t'accorderais, en d'autres mots, un « accommodement raisonnable ». Je le ferais avec plaisir, certain que tu n'en profiteras pas pour brimer ma propre liberté.

Au-delà du port de signes religieux et autres, les Québécois de souche redoutent le manque de communication avec certaines communautés. Ceux que j'ai croisés ou que je fréquente se disent prêts à accommoder sans restriction toute personne qu'ils auraient appris à connaître et à apprécier. Plusieurs musulmans de mon entourage se sont liés d'amitié avec leurs voisins après une phase de méfiance réciproque.

Mohammed El-Sabh, un Égyptien de religion musulmane qui m'a enseigné, est l'un des fondateurs du Département d'océanographie de l'Université du Québec à Rimouski. Spécialiste renommé de la physique des océans au Canada, il a vécu au Bic, un village près de Rimouski. À son décès en février 1999, les paroissiens ont accueilli dans leur église les siens, venus d'Égypte, qui y ont récité des prières musulmanes, et ce, devant le crucifix. Je doute qu'il y ait une seule mosquée au monde qui soit disposée à rendre un service similaire à des chrétiens.

On obtient aisément de tels accommodements, à condition d'aller vers les gens et d'échanger avec eux. À maintes reprises, mon copain Dominique a sillonné les villages bas-laurentiens afin de dégoter un agneau vivant pour ses potes musulmans. Lui, un catholique, violait la loi civile pour que les autres bouffent de la viande halal…

Cette énumération de faits permet d'affirmer sans l'ombre d'un doute que les gens d'ici ont un rare esprit d'ouverture à l'égard des étrangers qu'ils apprennent à connaître. En revanche, les excès d'une poignée de musulmans et de juifs hypothèquent toute possibilité d'échange et radicalisent les positions, au détriment des croyants plus réservés. Car il faut savoir que les demandes d'accommodements ne sont pas le fait d'une majorité de musulmans. L'islam est pratiqué avec retenue et tolérance par des milliers de Québécois. D'ailleurs, plusieurs ne fréquentent les mosquées de Montréal que de façon très irrégulière. Et certains, dont je suis, se sentent aussi musulmans que le Québécois moyen se dit catholique.

Dans ce cas, pourquoi court-on interviewer tel ou tel imam dès qu'il y a anicroche avec l'islam, comme s'il était le porte-parole de l'ensemble des croyants musulmans ? Ces mastodontes de la ferveur religieuse ne savent pas que lorsqu'un éléphant trébuche, ce sont toujours les innocentes et silencieuses souris qui en pâtissent. Pourquoi ne pas s'enquérir de l'opinion de ceux qui pratiquent cette religion avec tolérance et dans le respect de la culture d'ici ? de ce croyant discret qui n'affiche pas avec ostentation barbe et habit blanc, appréhendés par force Occidentaux? de cet autre qui tiendrait un discours conciliant et ouvert? ou de celui qui se dissocierait sans réserve de ce courant obscurantiste qui porte préjudice à l'image que ses concitoyens canadiens se font de cette religion et de ses adeptes ?

Il existe plusieurs variantes de l'islam qui, en outre, rassemblent des communautés se démarquant tout autant l'une de l'autre. Oui, on peut se réclamer de l'islam sans être un Arabe fondamentaliste sunnite ! Les malikites, chaféites et hanafites adhèrent à la foi sunnite sans donner pour autant dans le fondamentalisme. Pas plus que l'intégrisme ne recrute que des Arabes hanbalites, wahhabites ou salafis djihadistes. Les Iraniens ne sont ni des Arabes ni des Sunnites, mais des Perses chiites dont certains se disent modérés et d'autres, fondamentalistes. Et l'Afghanistan, cet ancien satellite de Moscou dont les habitants ne sont ni des Perses ni des Arabes, a accueilli des talibans intégristes instruits au Pakistan.

Et que dire des Noirs d'Afrique qui ont épousé la foi islamique malgré que, durant plus d'un millénaire, leurs ancêtres aient souffert de l'esclavagisme arabe? Et du Hezbollah, qui rassemble des intégristes libanais, même si le fondamentalisme religieux n'est pas embrassé par tous les habitants du Liban – où, par ailleurs, se côtoient musulmans et chrétiens n'ayant déclaré la guerre ni à l'État hébreu ni aux nations occidentales ? Et encore, l'Indonésie compte la plus importante population musulmane et, pourtant, les Indonésiens ne sont ni des Arabes, ni des Perses, et encore moins des talibans.

Pour couper court à cet inventaire qui n'a rien d'exhaustif, je vous propose le test suivant : choisissez un musulman au hasard et prenez-le à partie au chapitre, disons, du port du hidjab ; dans 99 % des cas, vous ferez erreur sur sa personne.

Cet islam qui fait peur

Le multiculturalisme à la Pierre Elliott Trudeau a coulé des années très heureuses avant de se buter à des obstacles majeurs. Et pour cause : la politique d'immigration du Canada des années 1960 se montrait peu encline à accepter Africains, Arabes ou Asiatiques. Conséquemment, de 1970 à la fin des années 1980, le multiculturalisme s'adressait davantage aux immigrants de longue date : Ukrainiens, Italiens, Polonais ou Hollandais. Ces Européens avaient fait la guerre aux côtés des Canadiens et s'étaient bien intégrés sur les plans social, politique et économique. Bref, ces minorités « audibles », blanches et de type caucasien, avalaient de travers le bilinguisme pancanadien imposé par le gouvernement libéral d'alors. Ajoutons que ceux-ci, pour la plupart, partageaient déjà les valeurs libérales et embrassaient la religion chrétienne des citoyens de souche.

Mais, dans les années 1970, les minorités dites visibles se sont progressivement mélangées au bouillon de culture canadien. Ces groupes, qui avaient déjà exigé d'avoir voix au chapitre, acceptaient maintenant de bonne grâce la version du multiculturalisme qu'on leur imposait parce qu'ils étaient heureux d'avoir laissé la misère derrière eux et d'avoir été accueillis dans une contrée où ils accédaient à une relative prospérité. En acceptant la présence de Noirs des Caraïbes – dont les ressortissants de la Jamaïque, des chrétiens pour la plupart – et autres Asiatiques aux pratiques religieuses discrètes, les Canadiens de souche ne regrettaient pas d'avoir institutionnalisé le multiculturalisme.

Le projet multiculturel a connu ses premières secousses dans les années 1990, avec l'arrivée de quantité d'immigrants de religion musulmane. À partir du 11 septembre 2001, le débat sur l'identité s'est orienté du côté de la poignée de fondamentalistes de la minorité musulmane, celle-ci représentant moins de 2 % de la population et à peine 10 % des nouveaux arrivants. Un taux extrêmement faible, compte tenu qu'au sein d'autres nations, comme la France, l'Italie ou l'Allemagne, les musulmans comptent pour 90 % des immigrants non européens. Maintenant, à cause des revendications de quelques activistes et intégristes religieux, la pertinence de ce programme de société instauré il y a plus de 30 ans est contestée même dans le Canada anglais.

La bouilloire a commencé à siffler quand des intégristes de l'Ontario ont tenté de faire modifier, en leur faveur, la Loi sur l'arbitrage familial. Promulguée en 1991, celle-ci avait une visée fort louable, celle d'alléger certaines procédures du système judiciaire provincial en autorisant un règlement à l'amiable de certaines disputes commerciales ou familiales. Ainsi, l'avocat torontois Mumtaz Ali, aussi président de la Canadian Society of Muslims, a tenté de faire valider l'utilisation de la charia islamique pour régler des problèmes de droit familial au sein de sa communauté. Sur le plan juridique, ses arguments n'étaient pas sans fondement, mais ses intentions ne reflétaient pas celles ayant donné naissance à cette loi. Heureusement, plusieurs associations musulmanes ont manifesté ouvertement leur opposition à une telle requête.

Je m'interroge parfois à savoir si les fondamentalistes musulmans n'ont pas entrepris une véritable croisade contre l'Occident. Une guerre consistant à saper les bases des démocraties libérales par une savante combinaison de manifestations, de réclamations, d'attentats, de menaces de représailles et de victimisation. Une telle stratégie tout-terrain viserait-elle à venger la croisade du pape Urbain II qui, en 1095, avait galvanisé la chrétienté, poussant des hordes de combattants de religion catholique au massacre des Arabes et des Turcs sur leur propre sol ?

Les religions chrétiennes n'ont pas toujours prêché la tolérance. Dans son livre *Les identités meurtrières*, Amin Maalouf se posait la question suivante : « Si mes ancêtres avaient été musulmans dans un pays conquis par les armées chrétiennes, au lieu d'être chrétiens dans un pays conquis par les armées musulmanes, je ne pense pas qu'ils auraient pu continuer à vivre depuis quatorze siècles dans leurs villes et villages en conservant leur foi au Liban. Que sont devenus les musulmans d'Espagne ou de Sicile ? Ils ont disparu jusqu'au dernier, massacrés, contraints à l'exil ou baptisés de force. Le christianisme a été pendant longtemps une religion d'intolérance avant d'être une religion d'ouverture. »

À mon sens, l'islam prôné par les fondamentalistes se compare, à certains égards, au christianisme despotique de l'époque médiévale. Et le temps presse de revoir certains passages troubles du Coran pour les adapter aux réalités contemporaines. Cet exercice s'avère nécessaire pour quiconque souhaite vivre dans une société moderne et libérale. Comment peut-on encore nier le principe d'égalité entre hommes et femmes en s'appuyant sur des écrits datant de plus de quatorze siècles?

Dans le bouquin *Amitiés interdites*, rédigé à quatre mains par Liza Frulla et Louise Beaudoin, cette dernière raconte une anecdote troublante:

« Durant la campagne électorale de 2006, je suis allée, tout comme mes collègues masculins, dans des mosquées. Eux pouvaient entrer. Moi, *ministre du Patrimoine, responsable du multiculturalisme*, je ne pouvais pas entrer dans certaines mosquées. Je devais attendre dehors. À la sortie d'une de ces mosquées, un imam m'a avertie que je n'avais pas le droit de serrer la main des hommes... »

À la lecture de ce passage, j'étais outré que l'entourage de l'ex-ministre péquiste ait accepté cet interdit d'accès à un lieu de culte. Même s'il découle d'un livre, sacré pour certains, comme le Coran, ce geste discriminatoire est inacceptable dans un État de droit comme le Québec. À mon avis, toute société a le droit d'établir, de façon responsable, des règles de cohabitation entre les communautés sans craindre les foudres de l'une et de l'autre.

Les musulmans installés en Occident qui ne réinterprètent pas, à la lumière des acquis de la modernité, des pratiques révolues ne se distinguaient sûrement pas par leur souplesse dans leur pays natal. Par conséquent, ils ne gagnent rien à voyager. Je tiens à un islam progressiste, tolérant, qui dépasse le dogmatisme et l'intransigeance. À mon avis, le Québec pourrait s'inspirer de certains aspects du modèle de laïcité turc. Dans ce pays, ne devient pas prédicateur celui qui se sent habité par le besoin de répandre la bonne parole. Imams et muezzins fréquentent des écoles où le programme d'enseignement est supervisé par l'État. Le contrôle de leur formation et leur nomination par le premier ministre empêchent les fondamentalistes de trouver audience et de disséminer leurs conneries.

L'année précédant mon arrivée au Québec, j'avais demandé à l'imam d'une mosquée de Dakar pourquoi les femmes prenaient obligatoirement place derrière les hommes pendant la prière du vendredi. Il m'a répondu qu'avec des fesses bombées devant les yeux, les hommes perdaient toute concentration, ce qui annihilait l'effet de leurs prières. J'en ai remis en lui demandant si les femmes gâcheraient l'effet des leurs en fantasmant sur notre cul, tout aussi rebondi. Il m'a assuré que les femmes n'étaient pas faites dans le même moule que les hommes.

Parmi d'autres observations du même ordre, sa vision des choses m'a incité à faire preuve d'un esprit critique à l'égard de nombreuses pratiques de ma religion. Attitude qui, il faut l'avouer, s'avère incompatible avec la vraie croyance, le Coran, cet autre best-seller sacré ayant une valeur immuable qui le met à l'abri des remises en question. Et le musulman moyen n'a pas l'autorité intellectuelle pour se permettre une interprétation personnelle.

Mon père achetait à gros prix des dattes importées du Maghreb pour interrompre son jeûne, tel que recommandé par le Prophète. Pourtant, les mangues locales sont beaucoup plus juteuses et appropriées pour se réhydrater après une journée de ramadan. Malgré mes tentatives pour lui expliquer que Mahomet recommandait de manger des dattes parce qu'elles poussaient dans son désert, il s'accrochait à ses croyances. En matière de religion, rares sont les discussions débouchant sur un consensus. Tôt ou tard, le sceptique prendra son trou, laissant ses interlocuteurs vivre comme ils l'entendent leur amour aveugle pour leur divinité.

Mes parents se sont rendus en pèlerinage à La Mecque en partie grâce à ma mise de fonds. Ils croient dur comme fer à l'islam et sont persuadés que le paradis des musulmans les accueillera à la fin de leurs jours. J'admire les êtres qui ne doutent jamais de leur foi, qui récitent des versets coraniques dans un arabe africanisé et incompréhensible, sans se poser la moindre question, mais sans non plus verser dans l'intégrisme.

Pourtant, dès l'âge de 15 ans, je me suis demandé pourquoi je devais réciter des prières en arabe classique. Quel pouvoir avait cette langue, pour que je la préfère à celle de mes ancêtres? Si Allah était omniscient, il comprendrait aussi le sérère. Ces questions m'habitaient depuis fort longtemps, mais mon attitude critique à l'égard du fondamentalisme musulman a gagné en radicalisme à mon arrivée en territoire québécois.

L'éloignement de la réalité sénégalaise, où les prédications contribuent à maintenir la population dans la crainte permanente d'Allah, a exigé un changement de cap. Quand on vous assène une description détaillée d'infernales atrocités et que votre entourage se précipite dans les mosquées pour échapper au châtiment dernier, vous vous dites fatalement: « Et si c'était vrai? » Et, forcément, vous réglez votre comportement sur celui des autres. Dès qu'un Sénégalais allume son poste radio, on lui brandit la menace de la géhenne éternelle dont la température extrême est capable de faire fondre un corps humain en criant lapin. Je me suis même secrètement demandé si Dieu était un pyromane patenté!

En me soustrayant à cette propagande, j'en suis venu à me poser les vraies questions et à vivre différemment ma religion. Plusieurs raisons m'ont amené à percevoir autrement cet islam si redouté par les Occidentaux. En m'expatriant, j'ai d'abord découvert que la beauté d'un masque ou d'un chant traditionnels ou encore celle d'un concert de tam-tams m'émouvait davantage qu'un verset coranique. J'en ai conclu que mon âme était plus attachée à la tradition africaine qu'à la civilisation arabe. Outre cet « animisme génétique », je me suis soudain souvenu que le lait et le miel coulaient en abondance dans le paradis musulman. Puisque mon organisme ne tolère pas le lactose et se montre allergique aux piqûres d'insectes, je m'y sentirais sûrement comme en enfer. Par ailleurs, Dieu fait bien les choses, mes pieux parents, grands amateurs de lait et de miel, s'y délecteraient. En leur souhaitant que les ours ne rôdent pas en ces régions éloignées…

Je me demande si les animaux sont admis au paradis des intégristes musulmans. Même le cas des dames âgées comme ma mère n'est pas bien clair dans ma tête. À écouter le discours des fondamentalistes, j'ai la nette impression qu'on n'y croise que de jeunes vierges mises à la disposition des mâles ayant obtenu leur visa pour l'éternité. Quoi qu'il en soit, je n'éprouve aucune inquiétude quant à mon éventuel échec au test d'entrée dans ce lieu tant convoité. Et étant donné ma préférence marquée pour les femmes d'expérience, ces promises d'âge nubile ne me font pas un pli. Pendant que les intégristes me promettent sept vierges au paradis, le Québec me garantit quatre poulettes *ben su'a brosse* à Rimouski. Et, plus préoccupé par un présent parfait que par un futur conditionnel, j'opte sans hésiter pour l'offre locale. D'autant plus que l'idée de passer l'éternité à entendre le cri des vierges, qui vivent l'enfer pour enchanter le paradis de Ben Laden et autres fanatiques sanguinaires récompensés pour le massacre de tas d'innocents, me fait déchanter. Je me demande d'ailleurs quel crime odieu ces jeunes filles ont bien pu commettre pour se valoir tel châtiment. Peut-être ont-elles fantasmé sur les fesses bombées d'un croyant qui s'était agenouillé en direction de La Mecque ? Et ça, l'imam de ma mosquée m'a certifié que c'était mal.

Enfant, mon père m'autorisait à assister à la messe de Noël de l'église de Fatick. À l'époque, les chants et les tam-tams rythmant les offices chrétiens étaient irrésistibles. Et le curé ouvrait la porte à tous les gens désireux d'y participer. Musulmans et chrétiens célébraient donc d'une seule voix, en plus de se joindre aux mêmes rituels de chasse et de danse de la pluie. Voilà le type de religion qui me faisait vibrer, parce qu'elle rassemblait les communautés. Maintenant, je tire le meilleur de chaque croyance en me confectionnant une foi sur mesure. Je me dis chrétien de la tête au cou, j'ai le tronc musulman et la jambe animiste. Ainsi, je bois bière sur bière, je bouffe du cochon, je lorgne la polygamie et je joue du tam-tam en dansant jusqu'à l'aube pour honorer mes ancêtres et éloigner tous les fanas de ma demeure. Dans la même foulée, j'invite à se joindre à ma nouvelle cabale tous ceux qui en ont assez des rivalités religieuses, des caprices divins et des promesses célestes qui ont causé tous les malheurs de la terre. Notre devise sera: « *Aimez-vous les uns les autres mais, surtout, les uns sur les autres.* » Et disons-nous que, puisque juifs, musulmans ou chrétiens se maudissent les uns et les autres et se garantissent l'enfer, le paradis est peut-être une chasse gardée pour les incrédules et sceptiques de notre espèce.

Au lieu de nous plier aux exigences des fondamentalistes religieux, pourquoi ne pas leur proposer un billet de retour pour leur pays d'origine? Tu veux te voiler la face? Va voir en Afghanistan si tu y es. Tu désires embrasser l'intégrisme juif? La terre d'Israël est toute désignée pour toi. Tu souhaites la polygamie? Je te recommande la savane africaine. Enfin, tu es Québécois et raciste? Matagami t'attend. Les seuls Noirs que tu y croises débarquent en été et se font aller les ailes. Ils piquent, surtout, mais pas ton téléviseur.

Alors, allons-y d'un NON sonore à la moindre demande d'accommodement religieux. Comme dit le proverbe chinois: « *Tu perds un clou et tu perds un fer; tu perds un fer et tu perds un cheval; tu perds un cheval et tu perds la course.* »

Les Québécois et la religion: une relation de haine-amour

Depuis 2001, le Québec ne compte plus les requêtes d'accommodements religieux qui ont soulevé des tollés dans la population : récitation de prières dans une cabane à sucre, port de foulard islamique lors d'une compétition sportive, conversion d'une salle d'université en mosquée, par exemple. Ces événements ont alimenté les chroniques de la presse des semaines durant. Avec, comme point culminant, le code de bonne conduite rédigé par le Conseil municipal d'Hérouxville, qui visait à bannir des pratiques islamiques farfelues dans un village ne comptant aucun citoyen musulman. Ce qui a donné suite aux prises de bec et levées de boucliers que l'on sait et où l'on confondait choux et navets pendant que d'autres réclamaient le beurre et l'argent du beurre.

Au nom de la laïcité, les minorités devraient se départir des signes visibles de leur religion. Par ailleurs, on ne touche pas au crucifix et aux prières à l'hôtel de ville. En vérité, nous signifions insidieusement aux immigrants de cesser de nous emmerder avec leurs croyances religieuses, maintenant que nous avons folklorisé les nôtres.

Avant une prestation dans une petite municipalité beauceronne, l'une des responsables de la salle de spectacle m'a confié : « Moi, ça me dérange que les talibans viennent ici et m'imposent leur burka… » J'ai failli lui répondre : « Mademoiselle, même les Québécois pure laine ont de la misère à faire la route jusqu'à votre village. Pourquoi le premier taliban venu débarquerait-il en Beauce ? »

Mais d'où vient le fait que le Québec soit si sensible et si réfractaire aux autres religions ? À mon avis, cela provient du fait que la mémoire collective québécoise peine à exorciser les démons de la Grande Noirceur. Comme disait mon grand-père : « Celui qui a été mordu par un serpent se méfie de ses lacets. »

Après la désertion massive des églises et leur conversion en condominiums, on craint comme la peste que d'autres croyances occupent le terrain. Trois observations mettent en relief l'attitude ambivalente des Québécois à l'égard de la foi.

Primo, on associe encore les notions de bien et de mal à la foi catholique. Dans les discussions, une « *crisse* de belle cabane » peut ainsi appartenir à un « hostie de chien sale ». *Secundo*, une fois le christianisme relégué aux oubliettes, les gens se sont rabattus sur d'autres formes, plus douteuses, de spiritualité. Les possibilités foisonnent : le tarot pour le taré, la cartomancie pour qui a perdu la carte, la clairvoyance pour l'autre qui ne voit plus son chemin et l'horoscope pour cet autre qui se projette dans un futur rapproché, ou encore Raël et ses ovnis – Objets du Vice d'un Nigaud Indétrônable. D'autres sectes au message trouble investissent l'espace public, poussant même la plaisanterie jusqu'à débarquer dans notre salon.

Un jour, une dame se réclamant de je ne sais quel rite louche frappe à ma porte. Prospectus à la main, elle me vante les vertus du régime végétarien quant à la sauvegarde de la planète. Comme un automate, elle me répète les paroles du gourou qui l'exploite. Puis, elle insiste pour savoir si je suis carnivore ou végétarien. Ma réponse n'a pas tardé :

– Ni l'un ni l'autre, madame : je suis cannibale. Si le dieu de votre croyance ne souhaite que des végétariens sur terre, pourquoi a-t-il fait les vaches en viande ? Et les canines qu'il nous a mises dans la bouche, elles ne servent qu'à déchiqueter de la laitue Iceberg ?

Comme disait l'autre, si Adam avait mangé le serpent plutôt que la pomme, Ève et lui seraient encore au paradis. Et nous, un peu moins dans la merde.

Ma dernière observation sur les rapports d'amour et de haine que les Québécois entretiennent avec la religion porte sur leur abus du qualificatif « sacré ». Avant d'immigrer au pays, j'ai été initié aux us et coutumes d'ici. Entre autres, on m'avait prévenu que les sacres fusaient des bouches des citoyens, pour tout et rien en même temps, et que je n'avais pas à m'en formaliser outre mesure. Je n'étais pas craintif une miette, au contraire : des croyants de cette trempe ne pouvaient être que du bon monde. Mais dès mon atterrissage, j'ai été fort perplexe devant la quantité incroyable de trucs sacrés alimentant leur verve. On sacre des contraventions, des coups de pied, des taloches, des volées aux autres. Un type (un con-sacré sans doute) à qui je demandais de m'expliquer ce phénomène a soudain insisté pour que je lui sacre patience.

Une autre fois, je me promenais avec un copain qui s'est arrêté brusquement au passage d'un véhicule: « T'as vu? Ça, c'est un sacré char! » Je me suis demandé par quel miracle il savait que la voiture était sacrée. C'était comme si nous étions en présence d'une vache de l'Inde qui, au milieu de la rue, broutait, pare-chocs à pare-chocs, une copine sur les talons.

Trop rapidement, le peuple québécois a balayé du revers de la main sa foi chrétienne, jusqu'alors omniprésente, pour adopter un semblant d'athéisme. À cet égard, leurs réactions face à l'islam et au judaïsme sont compréhensibles. Mais elles relèvent davantage d'un manque d'information et de communication que de l'intolérance. Sans exagération, certains croient gros comme le bras que le Coran est un album de Jim Corcoran. Comme ce voisin qui m'a demandé si les musulmans se tournaient vers La Mecque pour faire l'amour.

– Pas tout à fait, monsieur, lui ai-je répondu. D'accord quand il s'agit de prier ou de faire une offrande. Mais on ne fait pas l'amour avec une boussole. Autrement dit, l'islam n'oblige à aucune forme d'orientation sexuelle.

Une certaine vision réductrice a cours, qui, à cause d'al-Qaïda, associe immanquablement islam et terrorisme. Comme si tous les musulmans étaient des intégristes tapis au fond d'une grotte lointaine qui, pour leurs soirées, entonneraient une version explosive de la chanson à boire bien connue, *Lève ton verre* :

Ami Omar,
Ami Omar,
Lève ta ceinture
Et surtout ne l'échappe pas.
Et porte-la
Au sexibus,
Au mentonbus,
À l'arrêt de bus
Au taxi-bus
Et à Airbus.
Et boom et bang et boom et bang !
Il était des nôôôôtres,
Il s'est fait cramer comme les autres.
C'est un martyr,
Sept belles vierges l'attendent au paradis !

Plutôt que de redouter certains cultes religieux, les citoyens d'ici gagneraient à connaître leur histoire et les textes sur lesquels ils se fondent. Ne serait-ce que pour mieux les combattre. Il est possible de vivre dans une société laïque et d'enseigner l'histoire des grandes religions à l'école. Conséquence : nos enfants se montreront plus éclairés et avertis à l'égard de toute forme d'obscurantisme. Les nouveaux arrivants, pour leur part, devraient adopter et défendre les valeurs de leur société d'accueil. D'après mon ami Chakib, le processus d'intégration à une autre culture équivaut à parcourir un bouquin plusieurs fois. La première lecture permet de se familiariser avec les personnages. À la seconde, notre attention se porte davantage sur l'histoire. Et après la troisième, si nous arrivons à la raconter avec passion, c'est que cette histoire est dorénavant la nôtre et que les personnages sont devenus des membres de notre propre famille.

Comme la plupart des immigrants, je suis venu dans ce pays avec l'espoir de mener une existence meilleure. Et aujourd'hui, s'il y a une certitude dont je peux témoigner grâce à mon expérience personnelle, c'est que conquérir le meilleur du Québec, c'est avant tout tendre la main à ses habitants. À chaque présence sur scène, je m'efforce de créer des ponts entre les cultures sénégalaise et québécoise. En exhibant fièrement ma québécité, j'exprime ma gratitude envers la nation qui m'a accepté et ses citoyens qui me considèrent comme l'un des leurs. J'espère que ces réflexions serviront à rapiécer et à raccommoder raisonnablement cette courtepointe culturelle qu'est le Québec d'aujourd'hui.

Rions un peu

Quelle est la différence entre Ben Laden et la vitamine C? La vitamine C est un antioxydant qui empêche la formation de radicaux libres, tandis que Ben Laden fait partie des radicaux libres anti-Occident.

À cause des faits et gestes d'une minorité d'intégristes, l'Occident n'est plus une terre arable pour les musulmans. Quand je dis «intégristes», j'inclus les ayatollahs du pétrole comme George W. Bush. La paranoïa du président américain est telle qu'il croit que les attentats du 11 septembre ne constituaient qu'un projet pilote et que le pire est à venir. Pour lui, toutes les calamités viennent des musulmans. Il a même mis l'explosion de la navette spatiale sur le compte des intégristes. Par quel miracle des intégristes tenteraient-ils de désintégrer pareil truc?

George W. pensait faire main basse sur le pétrole des Arabes en ralliant les Chiites à sa cause. Maintenant, il se tourne les pouces en marmonnant: «Bullshit!» En Irak, il croyait s'amuser à la tire d'Arabes à souk dans le désert. Pourtant, la plupart des chefs d'al-Qaïda pique-niquent en toute liberté dans la nature. Le mollah Omar ne s'est pas encore fait pincer. Le colonel Kadhafi a inventé un alibi parfait qui le disculpe de l'attentat de Lockerbie: lorsque l'avion a sauté, il trippait au lit avec ses cent femmes, a-t-il confié aux enquêteurs. Ben Laden, quant à lui, prétend ne pas être le seul barbu qui envoie des objets volants atterrir, sans autorisation, sur les immeubles: il tiendrait sa technique du père Noël, un Américain pure laine. Ce qui est fort probable, c'est que c'est le barbu aux couleurs de Coca-Cola ayant, comme son homologue saoudien, un côté princier qui s'envoie en l'air avec ses rennes.

Lorsque les Américains mettront la main au collet de Ben Laden, paraît-il, ils lui raseront la barbe avec de lisses lames... Puis, ils lui enfileront une combinaison avec la mention «God bless America», avant de l'héliporter au cœur d'une manifestation du djihad islamique. Ce serait la punition la plus maussade qu'on puisse lui réserver.

Vrai, le 11 septembre 2001 a échaudé les Occidentaux qui craignent que le Moyen-Orient ne concocte des plans de plus en plus démoniaques. Mais, malgré leurs projets diaboliques, les intégristes ont aussi des faiblesses. Sinon, comment expliquer que, sur les lieux de chaque attentat, ils laissent invariablement une cassette en arabe? Il serait temps qu'ils se mettent au

DVD pour faire passer leur message: les lecteurs de cassettes sont une denrée rare en Occident.

ANNEXE

La Mystérieuse de Kaloua

Kaloua n'était pas un village comme les autres. Les maisons y étaient rondes et leurs habitants se tressaient les cheveux et portaient des colliers multicolores et de grosses boucles d'oreilles. D'ailleurs, les rares étrangers à rencontrer les gens de Kaloua les avaient surnommés les Longues Oreilles. Depuis toujours, les Longues Oreilles vivaient tranquilles à Kaloua avec leurs vaches. Du moins, jusqu'au jour où cette histoire a commencé.

Un après-midi d'été, une étrangère montant un cheval blanc arriva à Kaloua avec un troupeau de chèvres gardé par huit chiens. Entourée de ses bêtes, la dame traversa le village sous les regards méfiants des Longues Oreilles. Quel ne fut pas leur étonnement lorsqu'ils l'entendirent ordonner à ses animaux de s'arrêter, la virent descendre de sa monture et installer son campement sur le bord de la rivière, à peu de distance de leurs habitations.

Au début, les Longues Oreilles se rassurèrent en se disant que la voyageuse ne s'était arrêtée que le temps de se reposer et qu'elle continuerait inévitablement sa route. Mais le lendemain, le jour suivant et même une semaine plus tard, elle campait encore avec ses chèvres et ses chiens. Elle se construisit même une petite maison.

Une femme seule voyageant avec des chèvres et des chiens était du jamais vu au pays des Longues Oreilles. Dans les familles de Kaloua, celle qu'on appelait désormais la Mystérieuse alimentait toutes les discussions. Certains la trouvaient bizarre parce qu'elle ne portait ni boucles d'oreilles ni colliers et qu'elle se rasait le crâne. D'autres disaient qu'elle était folle parce que son habitation n'était pas ronde comme celles de Kaloua.

Aussi, tout le monde surveillait les allées et venues de la Mystérieuse, mais sans lui adresser la parole. Quant aux curieux qui auraient voulu l'épier, la meute de chiens entourant l'étrangère les en dissuadait vite.

Ce n'est pas que la Mystérieuse ignorait les Longues Oreilles. Au contraire, elle avait tenté plusieurs fois d'entrer en contact avec eux. Mais, à son approche, les habitants de Kaloua changeaient de direction ou disparaissaient dans leurs demeures avant de la regarder discrètement s'éloigner. Et nul n'avait vu son visage de près.

Certains soirs, assise à côté d'un feu, la Mystérieuse jouait des airs de flûte, dont le son était inconnu des Longues Oreilles. Il arrivait aussi qu'elle se promène avec une lanterne autour du village. Bref, ses habitudes de vie étaient vraiment différentes de celles des Longues Oreilles, ce qui finit par les inquiéter.

Aussi, le roi demanda-t-il au sorcier d'interroger ses fétiches pour en savoir plus long sur la Mystérieuse. Après une nuit passée à consulter fétiches et oracles, à proférer des incantations, le sorcier livra au roi ses conclusions :

– La Mystérieuse est en fait une Magwala, une méchante sorcière : ma boule de cristal est formelle. La nuit venue, la Magwala rôde dans les cimetières et, les soirs de pleine lune, elle se transforme en hibou pour effrayer les enfants.

Le roi accueillit les propos du sorcier avec gravité et ordonna aux parents de tenir leurs enfants loin de l'étrangère et de sa maison.

Une certaine terreur planait désormais sur le village. Et, comme par hasard, peu après les révélations du sorcier, le fils du roi tomba malade.

– Qu'est-il arrivé à mon fils ? demanda le roi au sorcier.

– Votre garçon est victime d'une attaque de Magwala. Tant que cette méchante sorcière vivra aux abords de notre village, nos enfants ne seront plus en sécurité. Et qui sait si un autre drame ne surviendra pas, répondit le sorcier.

– Je veux que cette Magwala quitte les lieux avant le lever du soleil, ordonna le roi.

Ce soir-là, au rythme des tambours et des chants de guerre, les Longues Oreilles mirent le feu à la maison de l'étrangère.

Réveillée par le jappement des chiens et le chevrotement des chèvres, la Mystérieuse échappa aux flammes en courant hors de sa maison. Elle rassembla aussitôt ses animaux et quitta le village de Kaloua. Triste et terrifiée, elle fit route toute la nuit pour s'éloigner le plus possible de la cruauté des Longues Oreilles.

Le sorcier s'empressa d'annoncer la bonne nouvelle au roi :

– Magwala est partie. Dans quelques jours, votre garçon retrouvera la santé.

– Qu'on organise une grande fête pour célébrer notre victoire, s'exclama, soulagé et heureux, le souverain.

Les tambours soulignèrent la victoire des Longues Oreilles, qui chantèrent et dansèrent jusqu'à ce que la lune disparaisse derrière la montagne. Le lendemain, le fils du roi reprit des forces et la vie retrouva son rythme normal. Cependant, cela n'allait pas durer longtemps.

Peu après l'expulsion de Magwala, une étrange maladie frappa les troupeaux de vaches des Longues

Oreilles. Les animaux, paralysés, n'arrivaient plus à produire le lait qui constitue la principale nourriture des habitants de Kaloua. De plus, profitant de la faiblesse des troupeaux, des fauves sortis des profondeurs de la forêt se mirent à terroriser les bergers et à s'attaquer aux bêtes malades. Le sorcier essaya toutes sortes de traitements et d'incantations pour enrayer la maladie, mais sans succès. Les vaches ne produisant plus de lait, la famine était aux portes de Kaloua.

Un matin, le roi rassembla ses sujets et leur parla en ces termes :

– Si nous ne trouvons pas de remède contre cette maladie, nous mourrons tous de faim. Alors, réfléchissons ensemble à ce qu'il faut faire.

– Pourquoi ne pas envoyer des messagers chercher de l'aide à l'extérieur du pays ? proposa le sorcier.

– C'est une bonne idée, convint le roi. Seulement, il nous faut des volontaires.

Deux jeunes hommes vaillants et vigoureux se proposèrent pour cette expédition. Sans perdre de temps, ils s'enfoncèrent dans la forêt pour trouver du secours dans les tribus voisines.

– La survie du village est entre vos mains, leur lança le roi avant leur départ.

Deux semaines s'écoulèrent avant le retour des messagers. Deux semaines pendant lesquelles les vaches devinrent de plus en plus malades et les

Longues Oreilles, de plus en plus désespérés. Les plus petits supportaient mal la faim, et les habitants scrutaient l'horizon dans l'espoir de voir revenir les deux messagers avec le remède qui les sauverait. Lorsqu'ils apparurent enfin, les Longues Oreilles furent soulagés.

Malheureusement, les nouvelles étaient mauvaises : aucun des sorciers des communes visitées ne savait de quelle maladie souffraient les vaches de Kaloua.

Il ne restait plus aux Longues Oreilles qu'à prier pour qu'un miracle se produise et c'est ce que le roi ordonna. Cette nuit-là, malgré les cris des fauves et ceux des bergers qui tentaient de les repousser, les Longues Oreilles prièrent jusqu'au petit matin.

Le lendemain de la grande prière, en début d'après-midi, une étrangère sur un cheval noir arriva dans le village avec un troupeau de chèvres. Un turban lui couvrait la tête. Instantanément, la question de savoir si Magwala était de retour se lisait sur toutes les lèvres de la population affamée. Après tout, comme Magwala, elle ne portait ni colliers ni boucles d'oreilles. D'accord, sauf qu'elle n'avait pas de chiens, et le cheval de cette étrangère était noir et non pas blanc.

Pendant qu'on s'interrogeait sur sa véritable identité, la jeune femme poursuivit son chemin jusqu'au palais et demanda à voir le roi. Une fois introduite dans la cour royale, elle descendit de sa monture et s'adressa ainsi au souverain :

– J'ai entendu parler de cette terrible maladie qui tue vos vaches et je possède le remède pour la combattre.

Elle sortit un petit sachet de sa poche et le tendit au roi.

– Qu'est-ce que c'est ? demanda celui-ci.

– C'est une potion à base de plantes qui poussent dans mon pays. Donnez-la à boire à vos vaches et elles guériront.

– Le fait de venir jusqu'ici pour nous rendre service mérite une récompense. Si ton remède est efficace, je te réserve un gros cadeau, lui dit le roi.

– Je ne suis pas venue jusqu'ici pour recevoir une récompense, mais pour vous aider ! répondit l'étrangère en remontant sur son cheval.

Elle quitta Kaloua sans que personne n'en apprenne davantage sur son identité. Le roi ordonna d'administrer sur-le-champ le remède aux vaches. Une semaine plus tard, les animaux avaient recommencé à brouter dans les pâturages et à produire du lait. La joie se lisait sur le visage des Longues Oreilles qui avaient évité la famine de justesse.

Pour célébrer cette mystérieuse dame qui avait sauvé les villageois, le roi demanda de sortir les tambours et d'organiser une grande fête. Cet après-midi-là, quand les Longues Oreilles se rassemblèrent pour la danse, une étrangère montant un âne se présenta avec un troupeau de chèvres gardé par huit chiens. Elle avait la tête couverte et ne portait pas de colliers.

Au lieu de s'en méfier comme ils le faisaient toujours avec les étrangers, les Longues Oreilles l'invitèrent à la fête. Cette nuit-là, l'étrangère enseigna les danses de son pays aux villageois qui, à leur tour, l'initièrent aux tambours de Kaloua. Elle dansa avec eux jusqu'au petit matin.

Le lendemain, avant de les quitter, l'étrangère offrit aux bergers deux chiots et une flûte taillée dans une corne de bouc. Elle leur apprit que les chiens étaient irremplaçables quand venait le moment de flairer les fauves qui rôdaient autour des troupeaux et que la flûte était très efficace pour les éloigner.

Quand les bergers de Kaloua soufflèrent la première fois dans leur nouvelle flûte, le son qui en sortit rappela à tous la musique jouée, les soirs de pleine lune, par la Mystérieuse, celle qu'on avait appelée trop rapidement Magwala.

Depuis, le village de Kaloua a changé de nom : il s'appelle désormais Téranga, ce qui veut dire « Terre de bienvenue aux étrangers ». Et, dans les familles des Longues Oreilles, on apprend très tôt aux enfants la chanson que voici, dédiée aux étrangers et aux voyageurs :

Qu'il vienne chez nous pour s'installer
Ou qu'il ne fasse que s'arrêter

Traitons-le comme un invité
Car il a beaucoup à donner
Toute une richesse à partager
Si tu veux bien en profiter
Laisse-toi aimer et être aimé
Ouvre ton cœur au monde entier
Aux immigrés aux réfugiés
Qu'ils soient plus ou moins colorés.

La production du titre: *La Commission Boucar pour un raccommodement raisonnable* sur 9 640 lb de papier Silva Enviro 120M plutôt que sur du papier vierge aide l'environnement des façons suivantes:

Arbres sauvés: 16
Évite la production de déchets: 466 kg
Réduit la quantité d'eau: 44 081 L
Réduit les matières en suspension dans l'eau: 2,9 kg
Réduit les émissions atmosphériques: 1 023 kg
Réduit la consommation de gaz naturel: 67 m³

100%

BIO GAZ ÉNERGIE

MARQUIS
Marquis imprimeur inc.

Québec, Canada
2008